Três vezes Zumbi

Jean Marcel Carvalho França
Ricardo Alexandre Ferreira

Três vezes Zumbi

A construção de um herói brasileiro

PREFÁCIO Manolo Florentino

TRÊS
ESTRELAS

© 2012 Três Estrelas – selo editorial da Empresa Folha da Manhã S.A.

Todos os direitos reservados. Nenhuma parte desta obra pode ser reproduzida, arquivada ou transmitida de nenhuma forma ou por nenhum meio sem a permissão expressa e por escrito da Empresa Folha da Manhã S.A., detentora do selo editorial Três Estrelas.

EDITOR Alcino Leite Neto
EDITORA-ASSISTENTE Rita Palmeira
COORDENAÇÃO DE PRODUÇÃO GRÁFICA Mariana Metidieri
PRODUÇÃO GRÁFICA Iris Polachini
CAPA Amanda Dafoe
PROJETO GRÁFICO DO MIOLO Mayumi Okuyama
PREPARAÇÃO Paulo Nascimento Verano
REVISÃO Luís Curro

Dados Internacionais de Catalogação na Publicação (CIP)
(Câmara Brasileira do Livro, SP, Brasil)

França, Jean Marcel Carvalho
 Três vezes Zumbi : a construção de um herói brasileiro / Jean Marcel Carvalho França, Ricardo Alexandre Ferreira ; prefácio Manolo Florentino. - São Paulo : Três Estrelas, 2012.

 Bibliografia
 ISBN 978-85-65339-03-2

 1. Brasil - História - Palmares, 1630-1695 2. Escravidão - Brasil 3. Heróis negros 4. Liberdade 5. Quilombos - Brasil - História 6. Zumbi, m. 1695 I. Ferreira, Ricardo Alexandre. II. Florentino, Manolo. III. Título.

12-02915   CDD-981

Índice para catálogo sistemático:
1. Zumbi e o Quilombo dos Palmares : Brasil : História social   981

Este livro segue as regras do Acordo Ortográfico da Língua Portuguesa (1990), em vigor desde 1º de janeiro de 2009.

★ TRÊS
ESTRELAS

Al. Barão de Limeira, 401, 6º andar
CEP 01202-900, São Paulo, SP
Tel.: (11) 3224-2186/2187/2197

Sumário

6 **Prefácio**
Mutações de uma poderosa invenção *Manolo Florentino*

10 Introdução
16 O Zumbi dos colonos
58 O Zumbi do Brasil independente
84 O Zumbi dos oprimidos
148 Conclusão
152 O negro na sociedade brasileira: uma cronologia

162 **Bibliografia**

Prefácio

Mutações de uma poderosa invenção
Manolo Florentino

Revoltas, fugas e quilombos eram inerentes ao cativeiro, não importa se tratamos de sociedades escravistas ou daquelas cujas elites não dependiam tanto do escravo para estabelecer a devida distância em relação aos outros homens livres. Truísmo? Pode ser, mas não ao rés do chão. A verdade é que nem em delírios consigo imaginar um único desiderato humano ausente do seu contrário – trato de cultura, não de zoologia.

Não por outro motivo é fundamental reconstituir as várias faces da escravidão, incluindo os que abraçavam a norma – isto é, os que dentro dela tornavam possível suportar o cativeiro e até conquistar a liberdade –, mas igualmente quem a repudiava por meio de insurreições e escapadelas, formando quilombos ou simplesmente aderindo a hordas errantes por bosques medonhos, a habitar lapas jamais pisadas por homem algum. Pela mesma razão – reitero, não sou zoólogo – considero incontornável explicitar os usos a que se prestam semelhantes tipos. É aí que a porca torce o rabo. Afinal, quem pode controlar uma disciplina como a história, que, já se escreveu, não passa de uma doce rameira?

Pensando melhor, é bom que assim seja. Apazigua saber que a ninguém é dado o direito de reivindicar a autoria da "verdadeira história de". Encanta-me viver em uma época na qual aos historiadores não se ajustam as vestes de sábios insignes. Que outro tempo permitiria a um monstro sagrado como Paul Veyne, por exemplo, sustentar não haver inteligibilidade para a queda do Império Romano? Em que passado poderia haver se consolidado uma vertente de ilustres cientistas políticos a defender que os horrores do nazismo simplesmente não encontram explicação racional?

Óbvio, gostaríamos de monopolizar a simbolização no tempo daqueles sobre os quais depositamos nossos mais recônditos desejos. Mas só os déspotas tentam. Eis por que as histórias oficiais continuarão a ser escritas, embora felizmente acabem apodrecendo em lixeiras ou estantes, ou se convertam em fontes inestimáveis para o estudo das falácias que sustentam – algumas permitem até elaborar tratados sobre a estupidez humana.

o

Modelada com zelo e humor, a saborosa arqueologia cultural realizada por Jean Marcel Carvalho França e Ricardo Alexandre Ferreira me faz sorrir a cada página sempre vencida com leveza. Tenho em mãos não apenas um livro, mas uma pequena joia, que mapeia com método as mutações de uma poderosa invenção e faz reviver em mim a certeza de que alguns historiadores podem fazer parte do seleto grupo dos que não fazem concessões. Como os palhaços de circo, os vagabundos de Chaplin e os suicidas.

Com coragem e disposição para enfrentar o que virá, os autores contam a invenção do quilombo de Palmares como "foco permanente de instabilidade para a sociedade colonial", sua transformação em templo da "barbárie africana no Brasil e empecilho ao avanço da civilização", depois em "sociedade socialista *avant la lettre*" e, por fim, em marco de guerras raciais atlânticas. As controvérsias vão além quando invade o palco um tal Zumbi, "líder militar cuja bravura valorizava a vitória dos brancos", que no ato seguinte se converte em personagem romântico, que em outro ato vira "líder revolucionário capaz de abalar as bases das classes dominantes", para acabar (?) "herói da raça negra e das minorias".

Jean Marcel e Ricardo promoveram uma verdadeira evisceração no corpo de uma historiografia prenhe de mitos, que, ironicamente, deita raízes em um país avesso ao cultivo de heróis. Se em tempos idos ela se vergava ao colonialismo cultural e às sandices nacionalistas, hoje em dia essa historiografia se empanturra de um racialismo anacrônico e da praga do politicamente correto, tornados, respectivamente, política de Estado e forma de bem viver.

Não há de ser nada. Quando se derem conta, *Três vezes Zumbi* já terá cumprido o seu papel. Pois – entortando Drummond – a inteligência assimilada, ninguém a rouba mais do leitor.

Introdução

As construções de Zumbi

É impossível escrever uma biografia de Zumbi, pois são muito poucos os traços que os coetâneos deixaram sobre o suposto homem que liderou bravamente o maior quilombo criado nas Américas durante a vigência da escravidão, o quilombo de Palmares. Há, contudo, relacionada a essa história, uma "biografia" que pode ser contada: aquela do Zumbi e do Palmares que, pacientemente, militares, naturalistas, religiosos, historiadores, pedagogos, antropólogos, arqueólogos, romancistas, cineastas e outros homens de cultura dos séculos XVII, XVIII, XIX, XX e XXI construíram em suas obras. É essa história, de impressões difusas e juízos oscilantes, que o leitor encontrará nas páginas que se seguem.

Tal narrativa não traz notícias inéditas sobre o cultuado personagem ou mesmo perspectivas inusitadas do quilombo que serviu de cenário para a sua empreitada. Narrar, no entanto, o que sucessivas gerações de brasileiros e estrangeiros deixaram registrado sobre Zumbi tem um atrativo mais sedutor: permite conhecer um pouco sobre as relações que a sociedade brasileira, ao longo dos séculos, manteve com o enorme contingente de negros e mestiços que desde cedo a compôs. Mais do que isso, uma história com tais contornos dá ao leitor a oportunidade de constatar como aquilo que se tem denominado "verdades" acerca de Zumbi e de Palmares variou substantivamente de acordo com os anseios, aspirações e ações, ou seja, com as "formas de vida" e os quadros de referências adotados pelas sociedades que se constituíram no Brasil ao longo de pelo menos quatro séculos.

Mas o que, afinal, se encontrará nesta biografia pouco convencional de Zumbi? O livro dará a conhecer, pelo menos, três construções de Zumbi e do quilombo de Palmares, nenhuma delas mais verdadeira, mais honesta ou mais científica do que a outra. É imprescindível que o leitor entenda esse detalhe, pois ele é a alma do livro que tem em mãos. O Zumbi construído na colônia não é menos verdadeiro do que o Zumbi criado no século XIX ou no século XX; e aquele do século XXI não é menos ideológico ou mais consciente do que os inventados anteriormente. Quer-se com isso dizer que a verdade é relativa? Em termos, pois nunca é demais lembrar que cada um dos três Zumbis que o leitor encontrará ao longo deste livro gozou, entre a maioria dos seus contemporâneos, do estatuto de verdadeiro, e que cada um deles deriva de um modo particular de produzir socialmente a verdade. E qual é a verdade mais verdadeira acerca de Zumbi e de Palmares, a verdade depurada de todos os pressupostos, invariante, que diz "quem realmente foi o líder negro e o que realmente ocorreu na serra da Barriga"? Por certo, se tal verdade existe, não nos foi dado, como seres que constroem culturalmente o mundo em que vivem, o privilégio de alcançá-la.

Regressemos, porém, aos Zumbis mapeados neste livro. O primeiro deles, que será conhecido no capítulo de abertura, ganhou corpo, em parte, durante a existência do quilombo – entre o ocaso do século XVI e a última década do século XVII – e, em parte, ao longo do século XVIII. O Zumbi e o Palmares que aparecem nos escritos produzidos nesse período obedecem às mesmas regras de construção: Palmares é pintado como um foco importante de instabilidade para a capitania de Pernambuco – tanto para os portugueses quanto para os holandeses, que ocuparam a região entre 1630 e 1654 –, foco que suscitou das autoridades locais grandes esforços para ser debelado.

A importância do acontecimento para a sociedade de então parece não ter sido pequena. Prova disso é o tom quase épico que um dos autores paradigmáticos desse primeiro momento de construção do quilombo, o baiano Rocha Pita, utiliza para descrever a brava e surpreendentemente organizada sociedade negra debelada pelos empenhados colonizadores. A respeito de Zumbi, o período é mais lacônico: os escritos contemporâneos ao quilombo mencionam-no poucas vezes e de passagem; é mais uma vez Rocha Pita, como o leitor perceberá, que se encarrega de lhe dar maior visibilidade. O historiador, todavia, asseverou que Zumbi era um cargo, não um homem, e que o último ocupante desse cargo havia cometido suicídio, opinião que teria vida longa na "biografia" do líder negro e causaria, mais adiante, enorme polêmica entre os seus construtores.

O Zumbi e o Palmares construídos ao longo do século XIX e, com pequenos retoques, nas décadas iniciais do XX têm, como o leitor poderá acompanhar no segundo capítulo, cores diversas. Ambos perdem em importância, ganham contornos mais negativos e adquirem tons menos grandiosos nos escritos do período. O quilombo passa a simbolizar um empecilho ao avanço da civilização europeia no Brasil, um núcleo de barbárie africana no coração da colônia, um "cancro" que os colonos tiveram de extirpar. Zumbi não deixa de encarnar um grande guerreiro, mas somente na medida em que sua bravura dava ainda mais valor ao empenho do grande herói do episódio de Palmares nos escritos dessa época, o homem que eliminou o tal cancro, o paulista Domingos Jorge Velho. Uma pequena mas substantiva mudança é introduzida nesse retrato no fim do século XIX. Dois livros didáticos põem em questão as imagens de Zumbi e de sua morte legadas por Rocha Pita, e asseveram que se tratava, sim, de um homem e que esse homem não se suicidara, mas morrera dignamente em combate, traído por um *mulato*. Outro aspecto que aparece por essa época é a associação da sociedade palmarina com aquelas existentes no continente africano, mas nada que altere o lugar social que os oitocentistas já haviam conferido ao episódio.

A partir da terceira década do século XX, Zumbi ganha aos poucos mais espaço, e sua história, como conta a última parte desta "biografia", quase se sobrepõe à do próprio quilombo – situação que somente se reverterá nas últimas décadas do século XX. O Zumbi dos séculos XX e XXI torna-se, de saída, um herói pioneiro da luta pela liberdade no Brasil; em seguida, um herói das classes oprimidas da colônia; mais adiante, um herói da raça negra que peleja pela liberdade e a igualdade; um pouco depois, ainda que de modo discreto, um herói de minorias, nomeadamente dos homossexuais; dito em poucas palavras, um herói daqueles que lutaram e lutam contra o caráter excludente da sociedade brasileira, a escravista e as outras suas sucessoras. Nesse período, Palmares despontou como uma sociedade singular, quando comparada à sociedade branca, ou melhor, culturalmente branca, de sua época: espécie de protótipo de uma comunidade socialista ou coletivista, um Estado original, de contornos quase africanos, capaz de atrair e congregar os deserdados da colônia. As designações são variadas, mas o princípio que rege essas "construções" do quilombo é o mesmo: de um lado, ele é o polo por excelência de contestação da ordem injusta e excludente da colônia; de outro, é um lugar inspirador de utopias e comportamentos contestatários.

Eis, em linhas gerais, a biografia de Zumbi que virá a seguir. Não é a história da vida de um homem, de um herói ou de um líder, mas a história da construção da verdade acerca de um acontecimento do passado que pactuamos como nacional, um acontecimento constituinte do que gostamos de denominar "identidade brasileira".

O Zumbi
dos colonos

Poucas décadas depois de desembarcarem, em 1549, na Baía de Todos os Santos, ao lado do primeiro governador-geral do Brasil, Tomé de Sousa, os padres da Companhia de Jesus passaram a observar que, nos engenhos que visitavam, havia cada vez menos "negros da terra" (índios) e cada vez mais "negros de Guiné". O renomado José de Anchieta, não por acaso preocupado com a sorte dos tais negros da terra, alvos privilegiados do trabalho missionário da Companhia, comentava em carta de 1584 que os engenhos de açúcar e as fazendas da Bahia estavam vazios dessa gente e "cheios de negros da Guiné". Explica o jesuíta que isso se devia a um castigo impingido por Deus aos colonos, em razão dos "insultos como são feitos, e se fazem a estes índios, porque os portugueses vão ao sertão, e enganam esta gente, dizendo-lhe que se venham com eles para o mar, e que estarão em suas aldeias, como lá estão em sua terra, e que seriam seus vizinhos".[1]

Vinte anos mais tarde, um senhor de engenho endinheirado e letrado, que vivera na colônia entre 1583 e 1618, Ambrósio

---

[1] Anchieta, José de. *Cartas, informações, fragmentos históricos e sermões*, p. 386.

Fernandes Brandão, escrevia no seu *Diálogos das grandezas do Brasil* que a escravidão e os escravos não constituíam matéria estranha a um livro sobre as riquezas da colônia, pois, no Brasil, havia-se "criado um novo Guiné com a grande multidão de escravos vindos dele que nele se acham". Conta o colono que, em algumas capitanias, havia mais negros de Guiné do que naturais da terra e conclui: "Todos os homens que nele vivem tem metida quase toda sua fazenda em semelhante mercadoria. Pelo que, havendo no Brasil tanta gente desta cor preta e cabelo retorcido, não nos desviamos de nossa prática em tratar dela".[2]

Introduzidos na segunda metade do século XVI, os escravos africanos, pelo que relatam os contemporâneos, em pouco tempo tornaram-se a mão de obra predominante na colônia portuguesa da América. É certo que, quando os negros de Guiné, como eram então conhecidos, fizeram-se maioria nos engenhos e nos ainda incipientes núcleos urbanos da colônia, a base da lavoura açucareira, sustentáculo econômico do Brasil de então, já havia sido construída com o trabalho dos índios, dos negros da terra. Todavia, é inegável, também, que num curto espaço de tempo o africano e o cativeiro de africanos instalaram-se e naturalizaram-se na colônia, pois, como dizia o citado Brandão já no início do século XVII, "todos os moradores do Brasil vivem, tratam e trabalham com esta gente vinda de Guiné".[3]

Ainda que bastante imprecisos, os números do comércio negreiro são ilustrativos desse processo de naturalização do

---

2 Brandão, Ambrósio Fernandes. *Diálogos das grandezas do Brasil*, p. 99.

3 Idem, ibidem, p. 99.

africano na América portuguesa e, mais tarde, no Brasil independente. Estimava-se, no final do século XIX, que o Brasil teria comprado, entre 1550 e 1850, cerca de 50 milhões de africanos. Os números encontrados pelos historiadores no decorrer do século XX são bem mais modestos: Pandiá Calógeras falava em 15 milhões de almas; Pedro Calmon e Caio Prado Júnior reduziram esse número a um universo que variava entre 5 e 8 milhões de pessoas; nas três últimas décadas do século XX, pesquisadores como Kátia Mattoso e Manolo Florentino passaram a advogar números que vão de 3 a 4 milhões de negros; os dados mais recentes falam em cerca de 5 milhões. Independentemente, no entanto, das significativas variações, é certo que o Brasil foi, de longe, o maior importador de escravos do continente americano e que, ao longo dos séculos XVI, XVII e XVIII, entraram pelos portos da colônia duas vezes mais escravos do que em todas as colônias inglesas do Caribe, o segundo maior importador de negros do continente.[4]

As marcas dessa presença, que gradativamente se tornou maciça, estavam por todos os lados. Em 1610, inaugurando um lugar-comum que teria vida longa nas narrativas de viagem sobre o Brasil, François Pyrard de Laval, um comerciante e aventureiro francês em visita à cidade de Salvador, escreveu no seu diário de viagem:

---

[4] Para mais informações sobre o número de escravos africanos importados pelo Brasil, ver: Florentino, Manolo. *Em costas negras*. Ver também: *Trans-Atlantic Slave Trade Database Online* (http://www.slavevoyages.org/tast/index.faces).

O que os portugueses do Brasil mais apreciam são os escravos da costa da África e das Índias Orientais, que nestas plagas não podem fugir, pois seriam capturados e comidos pelos naturais do país. Os escravos da terra não têm tal impedimento, além do que não são tão aptos e bem dispostos para o trabalho quanto os outros. É muito divertido ver, nos dias de festa e domingos, dias que não estão sujeitos a seus mestres, os escravos todos reunidos, homens e mulheres, dançando e jogando em público, nas praças e ruas.[5]

Cerca de meio século depois de Laval, em 1667, outro visitante estrangeiro, o capuchinho italiano Dionísio Carli, agora de passagem pelo Recife, constata a mesma abundância de africanos e a variedade das atividades que desempenhavam na região de Pernambuco. Relata o religioso que, a caminho do hospício dos capuchinhos, notou que a cidade era pequena, "mas muito povoada, sobretudo por escravos mouros, vindos de Angola, do Congo, do Dongo e de Mataba". Carli conta, ainda, que todos os anos entravam no porto da cidade cerca de 10 mil escravos "para trabalhar na cultura da cana e do tabaco, para semear e colher o algodão (…) e, também, para cortar madeira, tingir seda e outros tecidos de valor e para trabalhar o coco e o marfim".[6]

Tornemos uma vez mais a Salvador, a Salvador do ocaso do século XVII. O célebre pirata William Dampier, cujo navio, a caminho do que viria a ser a Austrália, reabasteceu na cidade,

---

5 França, Jean Marcel Carvalho. *Construção do Brasil na literatura de viagem dos séculos XVI, XVII e XVIII*, p. 369.

6 Idem, ibidem, p. 415.

espantado com a quantidade de "pretos"⁷ que perambulavam pelas ruas, escreveu em seu diário de navegação:

> O número de escravos negros na cidade é tão elevado que já são maioria entre os habitantes. Todas as casas, como mencionei, têm escravos de ambos os sexos. Muitos portugueses solteiros tomam as mulheres negras como esposas, embora saibam que correm o risco de serem envenenados por elas, se lhes derem qualquer motivo de ciúmes. (...) Os escravos, de ambos os sexos, vivem metidos em crimes, sobretudo em assassinatos – quando são pagos para isso –, os quais executam preferencialmente à noite.⁸

Desloquemo-nos, agora, a outra importante cidade da costa brasileira dos tempos coloniais, o Rio de Janeiro. Quem nos conta sobre ela é um preocupado capitão de navio francês que, depois de hospedar-se um mês na urbe e constatar a destacada presença de escravos pretos nas suas ruas e residências, teceu o seguinte comentário acerca da peculiar política de segurança pública dos colonos – que ele supunha estarem rodeados por pretos extremamente hostis:

> Mas, apesar de as novas minas ocuparem um número significativo de escravos, o Rio de Janeiro é um verdadeiro formigueiro de

---

7 Uma discussão sobre o uso dos vocábulos preto e negro ao longo dos séculos XVI, XVII e XVIII pode ser encontrada em: Tinhorão, José Ramos. *Os negros em Portugal: uma presença silenciosa*, pp. 76-82.

8 França, Jean Marcel Carvalho, op. cit., p. 465.

negros. Essa concentração funesta traz consigo o constante perigo de uma rebelião. Contra tal inconveniente, a solução encontrada pelos portugueses foi a de adquirir escravos de diferentes proveniências e utilizar a oposição entre seus caracteres para controlá-los. Em geral, os negros são capturados na costa vulgarmente chamada da Guiné e no Reino de Angola. Os escravos provenientes da Guiné são, segundo a opinião dos portugueses, perspicazes, velhacos e preguiçosos; os de Angola são taciturnos, trabalhadores e honestos. Os primeiros não gostam dos últimos e vice-versa. Quando essas duas espécies inconciliáveis se misturam, uma não consegue nada empreender sem que a outra rapidamente não delate. É nessa antipatia natural que se funda a seguridade pública.[9]

Eis um panorama ligeiro das mais importantes cidades do Brasil colonial no que tange à presença negra. Um panorama desenhado em grande parte por estrangeiros, é verdade, mas bastante ilustrativo e instrutivo da percepção que tinham os coetâneos da sociedade em que viviam. Por meio dele, tomamos conhecimento de que os pretos estavam por todos os lados e eram muitos. Tomamos conhecimento, igualmente, de que estavam imiscuídos no cotidiano das casas, das roças e das cidades, e que desempenhavam aí as mais variadas funções. Ficamos sabendo, ainda, que eram motivo de inquietação, pois perpetravam crimes e alimentavam os temores de uma revolta. Uma revolta justificada, segundo as mesmas testemunhas, já que,

[9] Idem, *Outras visões do Rio de Janeiro colonial*, p. 212.

como informa o cirurgião francês Gabriel Dellon, que visitou Salvador em 1676:

> O grande número de escravos que há no país e a maneira cruel como são tratados – não lhes sendo dado o necessário para sobreviver e castigando-os excessivamente pelas menores faltas – são causa de constantes desordens, tanto nos campos quanto nas cidades do país. A maior parte desses cativos são negros trazidos de Angola e da Guiné para trabalhar nas lavouras de cana e de tabaco. Vendidos como animais, são comprados às centenas pelos donos de grandes propriedades, que os submetem ao controle de um capataz – na maioria das vezes, pior do que o próprio senhor. Os que não têm terras a cultivar deixam os seus cativos livres para trabalharem no que quiserem, cobrando-lhes uma determinada soma todo mês ou toda semana. Os maus-tratos impostos a uns e as altas somas que se exige dos outros – somas que frequentemente não conseguem pagar –, obriga-os por vezes a fugir para o mato e a viver aí pilhando tudo o que encontram pela frente, vingando-se de certo modo dos tormentos que lhes foram impostos. As cidades, ao menos no período da noite, são tão inseguras quanto os campos e, por mais severamente que se castiguem os que são apanhados, a roubalheira não tem fim.[10]

Os moradores da colônia, é certo, não passaram imunes a tão útil, mas preocupante presença. Os membros da Companhia

---

10 Idem, *A construção do Brasil na literatura de viagem dos séculos XVI, XVII e XVIII*, op. cit., pp. 428-9.

de Jesus – Manuel da Nóbrega, José de Anchieta, João de Azpilcueta Navarro, Fernão Cardim, Manuel de Araújo, Luiz Figueira e tantos outros – cedo observaram que os africanos, dia após dia, estavam substituindo a mão de obra indígena nos engenhos e fazendo-se cada vez mais presentes no cotidiano colonial. Pela mesma época, os senhores de engenho Ambrósio Brandão e Gabriel Soares e o religioso Frei Vicente de Salvador – autor da primeira história do Brasil – também não deixaram de notar a importância crescente dos africanos na sociedade colonial. Frei Vicente, inclusive, a propósito dos temores que o largo contingente de escravos despertava na população livre, conta que o governador Diogo Botelho (1602-1607), com o auxílio de um índio chamado Zorobabé, armou uma expedição, em grande parte formada por "negros da terra", contra um mocambo em vias de formação na Paraíba, segundo o frei: "Não foi pequeno bem tirar dali aquela ladroeira e colheita que ia em grande crescimento. Mas poucos tornaram a seus donos, porque os gentios mataram muitos e o Zorobabé levou alguns que foi vendendo pelo caminho (...)".[11]

Depois dele, evidenciando a enorme representatividade do africano e de seus descendentes nas cidades litorâneas brasileiras, o poeta Gregório de Matos descreveu em seus versos uma ampla galeria de tipos pretos que circulavam pelas ruas soteropolitanas. É sabido que parte substantiva do que escreveu era pouco abonador da conduta do escravo na sociedade baiana.

---

11 Salvador, Frei Vicente do. *História do Brasil: 1500-1627*.

Os africanos e africanas que protagonizavam os seus poemas estão quase sempre envolvidos em brigas, roubos, bebedeiras, arruaças e, sobretudo, em práticas libidinosas. Um bom exemplo é o poema "Define a sua cidade", no seu "Preceito 1":

> Que de quilombos que tenho
> com mestres superlativos,
> nos quais se ensinam de noite
> os calundus, e feitiços.
> Com devoção os frequentam
> mil sujeitos femininos,
> e também muitos barbados,
> que se prezam de narcisos.
> Ventura dizem que busca;
> Não se viu maior delírio!
> eu, que os ouço, vejo, e calo
> por não poder diverti-los.
> O que sei é que em tais danças
> Satanás anda metido,
> e que só tal padre-mestre
> pode ensinar tais delírios.
> Não há mulher desprezada,
> galã desfavorecido,
> que deixe de ir ao quilombo
> dançar o seu bocadinho.[12]

---

12 Matos, Gregório de. *Obra poética*, p. 42, v. I.

Menos atento ao cotidiano dos pretos, mas igualmente preocupado com a sua situação na sociedade colonial, um contemporâneo de Gregório de Matos, o padre Antônio Vieira, tratou de endossar a tese, defendida por outros membros da Companhia de Jesus que estiveram no Brasil, de que o cativeiro dos pretos, diferentemente da escravidão indígena, nada tinha de errado aos olhos do Deus cristão. Errado era, sim, o comportamento pouco cristão de muitos senhores, que impunham aos seus escravos uma vida de privações e padecimentos.

> Já se depois de chegados olharmos para estes miseráveis e para os que se chamam senhores, o que se viu nos dois estados de Jó, é o que aqui se representa a fortuna, pondo juntas a felicidade e a miséria no mesmo teatro. Os senhores poucos, os escravos muitos; os senhores rompendo galas, os escravos despidos e nus; os senhores banqueteando, os escravos perecendo à fome; os senhores nadando em ouro e prata, os escravos carregados de ferros; os senhores tratando-os como brutos, os escravos adorando-os e temendo-os como deuses; os senhores em pé apontando para o açoite, como estátuas da soberba e da tirania, os escravos prostrados, com as mãos atadas atrás como imagens vilíssimas da servidão e espetáculos da extrema miséria.[13]

A propósito do espírito pouco cristão dos senhores, no quartel inicial do século XVIII, quando o tráfico negreiro era já

---

13 Vieira, Padre Antônio. *Vieira brasileiro*, pp. 318-9, v. 2.

um negócio lucrativo e consolidado, os pretos eram quase maioria na população colonial e o escravo um personagem mais do que familiar no cotidiano das fazendas e das cidades, a sociedade colonial parece ter sido levada – e os quilombos foram decisivos nesse sentido – a discutir o tratamento que um cristão deveria dispensar aos seus escravos. Ao menos é o que se depreende de três obras publicadas durante o século XVIII: *Economia cristã dos senhores no governo dos escravos*, do jesuíta Jorge Benci, *Cultura e opulência do Brasil por suas drogas e minas*, assinado por um tal André João Antonil – anagrama utilizado para ocultar o nome do autor, o também jesuíta João Antônio Andreoni –, e *Etíope resgatado, empenhado, sustentado, corrigido e libertado*, do padre Manoel Ribeiro Rocha.

Publicado em 1705, na cidade de Roma, o livro do jesuíta italiano Jorge Benci, que residira quase duas décadas no Brasil, é uma clara evidência da importância que a relação entre senhores e escravos alcançou no século XVIII, quando o preto já se tornara um componente indispensável da sociedade que os colonos estavam construindo nos trópicos.

Numa nota intitulada "Leitor", o jesuíta explica ao seu eventual público quais objetivos pretendia alcançar com seu pequeno opúsculo. De saída, esclarece que sua obra deveria interessar tanto aos que possuíam quanto aos que não possuíam escravos: "Se és senhor, e tens escravos, lendo-o entenderás quais são as suas obrigações e aprenderás a guardá-las (…). Se os não tens, ainda com mais segurança o podes ler; e darás a Deus muitas graças por te livrar das pensões, que não são poucas nem pequenas (...), as que consigo traz o ser senhor".[14] Um pouco mais adiante, Benci, preocupado em advertir aos senhores de escravos acerca da necessidade de se conduzirem com seus servos conforme os princípios da religião cristã, colaborando, inclusive, para que os próprios pretos, "nascidos na barbárie da África", encontrassem, eles também, o Deus cristão, o Deus único, assevera:

> E para atalhar estas culpas e ofensas, que cometem contra Deus os senhores, que não usam do domínio e senhorio que têm sobre os escravos, com moderação que pede a razão e a piedade cristã: tomei por assunto, e por empresa dar à luz esta obra, a que chamo *Economia cristã*: isto é, regra, norma e modelo, por onde se devem governar os senhores cristãos para satisfazerem às obrigações de verdadeiros senhores.[15]

O também jesuíta e italiano Antonil não escreveu obra tão doutrinária. O seu *Cultura e opulência do Brasil por suas drogas e minas* (1711), fruto de mais de duas décadas de permanência na colônia, não era propriamente destinado a convencer os senhores a terem uma conduta mais cristã em relação aos seus escravos; ao menos não era esse o objetivo maior do seu escrito. Revela Antonil que havia sido a estadia num importante engenho jesuíta do Nordeste, o de Sergipe do Conde, que despertara a sua curiosidade sobre a opulência do Brasil e o desejo de escrever a respeito de tais prodígios:

14 Benci, Jorge. *Economia cristã dos senhores no governo dos escravos*, p. 43.
15 Idem, ibidem, p. 49.

E valendo-me das informações que me deu quem o administrou mais de trinta anos com conhecida inteligência e com acrescentamento igual à indústria, e da experiência de um famoso mestre de açúcar que cinquenta anos ocupou-se neste ofício com venturoso sucesso, e dos mais oficiais de nome, aos quais miudamente perguntei o que a cada qual pertencia, me resolvi a deixar neste borrão tudo aquilo que na limitação do tempo sobredito apressadamente mas com atenção ajuntei, e estendi com o mesmo estilo e modo de falar claro e chão que se usa nos engenhos, para que os que não sabem o que custa a doçura do açúcar a quem o lavra o conheçam e sintam menos dar por ele o preço que vale, e quem de novo entrar na administração de algum engenho tenha essas notícias práticas, dirigidas a obrar com acerto, que é o que em toda a ocupação se deve desejar e intentar.[16]

Antonil, porém, sabia que, ao tratar da opulência do Brasil, dos seus prósperos engenhos de açúcar, de suas vistosas plantações de tabaco, de sua rendosa criação de gado e das suas riquíssimas minas de ouro, seria indispensável tratar daqueles que, com seu labor, produziam essas e outras riquezas: os escravos africanos. O jesuíta dedica-lhes, na primeira e mais substantiva parte de seu "borrão", um capítulo intitulado "Como se há de haver o senhor do engenho com seus escravos", ao longo do qual procura traduzir a tríade do P, que, para ele, sintetiza o modo cristão de tratar os escravos no Brasil. A fórmula, já abordada por Jorge Benci, extraída do *Eclesiástico*, "Panis et disciplina et opus servo"

---

16 Antonil, André João. *Cultura e opulência do Brasil por suas drogas e minas*, pp. 66-7.

("Para o escravo, o pão, o castigo e o trabalho"), nas páginas de Antonil ganha um tom mais inteligível para o mundo rural e rústico dos senhores de engenho da colônia: pau, pão e pano.

O pau é o castigo. Não qualquer punição que se estabelece contra o corpo, mas a correção necessária que o senhor deve dispensar aos seus cativos, a fim de trazê-los dentro dos princípios cristãos. O pão é o alimento do espírito que o senhor deve prover ao seu escravo, permitindo-lhe levar uma vida cristã (batizar-se, casar-se, ir à missa etc.). O pano, por fim, ia muito além das vestes e da decência dos escravos, englobando todas as condições materiais necessárias para que o cativo, uma vez instruído no plano de Deus e corrigido de suas fraquezas humanas, pudesse portar-se como um escravo verdadeiramente cristão:

> No Brasil, costumam dizer que para os escravos são necessários três P.P.P., a saber Pau, Pão e Pano. E posto que comecem mal, principiando pelo castigo que é o pau, com tudo prouvera a Deus que tão abundante fosse o comer e o vestir como muitas vezes é o castigo dado por qualquer causa pouco provada ou levantada, e com instrumentos de muito rigor, ainda quando os crimes são certos, de que se não usa nem com os brutos animais, fazendo algum senhor mais caso de um cavalo que de meia dúzia de escravos (...).[17]

O padre diocesano e bacharel lisboeta Manoel Ribeiro Rocha, no seu *Etíope resgatado, empenhado, sustentado, corrigido e libertado*, publicado na capital da metrópole em 1748, retorna,

---

17 Idem, ibidem, pp. 94-7.

com mais veemência que Antonil e mais radicalidade que Benci, às diretrizes que deveriam guiar o relacionamento entre um senhor cristão e seu escravo. Em um prólogo, intitulado "Argumento e razão da obra, a quem ler", Ribeiro Rocha resume o seu escrito nos seguintes termos:

> E porque a todas as pessoas, que assim os possuírem *jure pignoris*, sempre lhe correm, por servos, e domésticos, as mesmas obrigações principais, que aliás lhe correriam se os possuíssem *jure dominii*; que são as do sustento, da correção, e da instrução na Doutrina, e bons costumes; todas estas expendo na quarta, quinta, e mais partes posteriores do mesmo Opúsculo; ao qual por isso apliquei o título de *Etíope resgatado, empenhado, sustentado, corrigido, instruído e libertado*; isto é, *resgatado* da escravidão injusta, a que barbaramente o reduziram os seus mesmos nacionais, como se diz na primeira parte. *Empenhado*, no poder de seu possuidor, para o respeitar como Senhor, e lhe obedecer, e o servir como escravo, enquanto lhe não pagar, ou compensar com serviços o seu valor, como se diz na segunda, e terceira parte.[18]

Até aqui, nada de novo em relação aos religiosos citados anteriormente. Ribeiro Rocha, porém, na oitava e última parte de sua obra, "Do que respeita aos últimos fins destes cativos", vai mais longe do que seus antecessores e se ocupa

---

18 Ribeiro Rocha, Manoel. *Etíope resgatado, empenhado, sustentado, corrigido, instruído e libertado. Discurso teológico-jurídico. Sobre a libertação dos escravos no Brasil de 1758*, p. 7.

das condições necessárias para que o cativo possa, licitamente, alcançar a sua liberdade:

> Por últimos fins destes cativos, entendo neste lugar, os últimos fins da sua sujeição servil; quando extinta já de todo a causa de penhor e retenção em que haviam ficado, pelo benefício da redenção forem completamente restituídos à sua primitiva e natural liberdade com que nasceram. Estes fins podem ser de quatro modos: *Primeiro*, quando o cativo pagar a seu possuidor a dinheiro o preço total, ou parcial da sua redenção (...); *Segundo*, quando o cativo houver servido os anos que bastarem para compensar o mesmo preço (...); *Terceiro*, quando falecendo o possuidor do cativo, lhe fizer quita do tempo, que ainda lhe faltar, e o deixar desobrigado; *Quarto*, e último, quando o cativo, antes de findar o tempo da sua servidão, falecer da vida presente.[19]

Benci, Antonil e Ribeiro, cada um ao seu modo, buscaram regrar a instituição da escravidão, sobretudo naquilo que tange às relações cotidianas entre os cativos e seus proprietários. Evidentemente, não foi por acaso que homens de Igreja, uma Igreja sempre lacônica em relação à escravidão do africano, resolveram, a partir da segunda metade do século XVII, abordar em detalhes, e à luz da doutrina cristã, as complexas relações entre senhores e escravos. A essa altura, a escravidão dos pretos, como então se dizia, estava completamente instalada na sociedade colonial, que não somente havia amparado a sua vida

19 Idem, ibidem, p. 131.

produtiva nos ombros desses indivíduos, como também havia desenvolvido mecanismos – eficientes, diga-se de passagem – para absorvê-los e naturalizá-los no seu cotidiano.

Tal processo de incorporação, todavia, nunca esteve isento de tensões e embates. Afinal, tratava-se de uma sociedade muito marcada pelas relações rígidas de mando e pela aplicação sistemática de castigos corporais. A propósito de tais castigos, convém lembrar que estes nem eram banais, nem excepcionais na sociedade colonial, constituíam um mecanismo de controle social legítimo, com acentuado caráter exemplar, ao qual se recorria com certa assiduidade, como sugere, em 1618, o holandês Dierick Ruiters, um dos muitos estrangeiros que, em visita à colônia, testemunhou o caráter violento que, não raro, assumia a relação entre senhores e escravos:

> Quando os ditos brasileiros ou os negros cometem alguma falta, os portugueses ordenam que outros escravos os castiguem impiedosamente. Nenhum verdadeiro cristão assiste a esse espetáculo sem revoltar-se. Vi, certa feita, um negro faminto que, para encher a barriga, furtara dois pães de açúcar. Seu senhor, ao saber do ocorrido, mandou amarrá-lo de bruços a uma tábua e, em seguida, ordenou que um negro o surrasse com um chicote de couro. Seu corpo ficou, da cabeça aos pés, uma chaga aberta, e os lugares poupados pelo chicote foram lacerados à faca. Terminado o castigo, um outro negro derramou sobre suas feridas um pote contendo vinagre e sal. O infeliz, sempre amarrado, contorcia-se de dor. Tive, por mais que me chocasse, de presenciar a transformação de um homem em carne de boi salgada e, como se isso não bastasse, de

ver derramarem sobre suas feridas piche derretido. O negro gritava de tocar o coração. Deixaram-no toda uma noite, de joelhos, preso pelo pescoço a um bloco, como um mísero animal, sem ter suas feridas tratadas. Fui testemunha ainda de outras barbaridades praticadas por portugueses e espanhóis contra os seus escravos.[20]

Essa "pedagogia do castigo", que tanta indignação causava ao estrangeiro e tantas ponderações suscitavam dos religiosos, tinha, por vezes, um efeito colateral não desejado, mas esperado: a fuga do cativo. Mas para onde fugir num mundo tomado todo ele pela escravidão? Matar-se era uma solução extrema, perambular a esmo pelos caminhos e cidades era demasiado perigoso, embrenhar-se sozinho na mata era arriscar-se a ser comido pelos nativos ou a cair nas mãos de um qualquer "caçador de fujões", o temido capitão do mato ou capitão do campo.

Nem mesmo a solidariedade de outros escravos era certa. Nas ainda incipientes cidades, nos arraiais e nos caminhos do Brasil colonial, um preto desconhecido era logo denunciado às autoridades e aos proprietários locais, inclusive por outro preto. A única saída, por certo, ainda estava nas matas, no sertão, malgrado os perigos enormes que aí o aguardavam. A solução encontrada pelos cativos para o impasse cedo ganhou um nome: mocambo, um lugar embrenhado nas matas, longe do braço senhorial e do poder do capitão do mato, resguardado da violência do selvagem antropófago e habitado por outras

---

20 França, Jean Marcel Carvalho. *Outras visões do Rio de Janeiro colonial*, op. cit., p. 41.

dezenas, por vezes centenas e excepcionalmente por milhares de evadidos solidários.

As notícias a respeito desses tais mocambos – mais tarde denominados quilombos – começam a chegar à capital da Bahia e à metrópole em meados do século XVI, e rapidamente se multiplicam. Entre as últimas décadas do século XVI e o início do XVIII, o aumento exponencial de tais refúgios colocou em sobressalto quase todas as regiões da colônia: das divisas do atual Amapá com a Guiana Francesa até a capitania do Rio Grande. Tem-se notícia da existência, ao longo do período, de mais de duas dezenas deles na Bahia; no século XVII, observou-se que havia um grau significativo de comunicações entre escravos fugitivos dessa capitania, da capitania de Sergipe e da região limítrofe entre as capitanias de Pernambuco e Alagoas. Aí, inclusive, nomeadamente na serra da Barriga, surgiu, no fim do século XVI, uma série de comunidades interligadas que, com o passar do tempo, se tornaram, por seu tamanho, ousadia e sucesso militar, mais e mais conhecidas deste e do outro lado do Atlântico: os mocambos de Palmares. Desde muito cedo, Palmares instalou-se no senso comum das autoridades coloniais como uma espécie de referência e aviso dos perigos que os ajuntamentos de pretos fugidos traziam para a estabilidade de uma sociedade escravocrata.

Uma das primeiras notícias oficiais que se conhece desse preocupante "ajuntamento" de pretos fugidos encontra-se numa carta redigida em 1603 pelo capitão-mor e governador da capitania de Pernambuco Manoel Mascarenhas Homem, dando conta dos seus feitos àquele que o sucederia na governança da mesma capitania, Diogo Botelho. Nela, Mascarenhas Homem afirma que havia enviado uma "entrada pelo sertão dentro aos Palmares, onde estava cópia de pretos alevantados de que os moradores desta capitania recebiam dano e opressão pelos muitos roubos e latrocínios que faziam e contínuos assaltos que davam". Informa, ainda, que a empresa havia sido custeada pela fazenda de Sua Majestade e dela resultara "serem os inimigos desbaratados com dano e perda de muita gente morta e cativa, com que esta capitania ficou livre por ora das insolências desses alevantados".[21]

Os problemas suscitados por Palmares, no entanto, vinham já, a essa altura, de alguns anos. Reza a tradição que o núcleo inicial do quilombo, com pouco mais de quarenta pretos fugidos de um engenho de açúcar da capitania de Pernambuco, teria se formado por volta de 1597 na serra da Barriga, situada no atual Estado de Alagoas. O mocambo não parou mais de crescer e de trazer inquietação à vida dos colonos da região, como atesta a carta citada de Mascarenhas Homem.

A partir de 1630, porém, com a invasão holandesa, o ajuntamento ganha dimensões realmente notáveis, pois as lides da guerra e as desordens dela decorrentes não permitiam que os senhores se ocupassem dos seus escravos fugidos. Foi, inclusive, da pena dos holandeses que saíram os primeiros escritos da época a se ocuparem mais detidamente do já preocupante quilombo. Em 1643, num relatório "sobre o Estado das Alagoas", apresentado por Jones van Walbeeck e Henrique de Moucheron,

---

[21] "Carta de Manoel Mascarenhas Homem (1603)". In: "Correspondência de Diogo Botelho". *Revista do Instituto Histórico e Geográfico Brasileiro*, tomo 73, parte I, p. 37.

os funcionários da administração colonial batava, ao descreverem a região que denominam Lagoa do Sul, tecem um comentário que evidencia o sobressalto causado por Palmares aos moradores daquele lugar. Relatam os exploradores que a parte norte da lagoa estava inteiramente despovoada, inculta e deserta, já que os poucos moradores que tinham permanecido na região após a guerra "se transportaram para a parte do sul, onde fizeram assento, e se acham mais seguros contra os negros de Palmares, porque aí permanece a nossa guarnição".[22]

Dois anos mais tarde, em 26 de fevereiro de 1645, Jan Blaer, um holandês, natural da aldeia de Vreeswijek, na província de Utrecht, que desembarcara no Brasil em 1629 como capelão de tropa, também tomou parte de uma expedição enviada a Palmares, acerca da qual redigiu um pequeno relato. Vale a pena seguir com mais vagar a curiosa narrativa do capelão. Narra Blaer que no dia 18 de março alcançou o Velho Palmares, que os pretos haviam abandonado cerca de três anos antes, por ser um lugar muito insalubre e em razão de ali terem morrido muitos dos seus. Blaer comenta ainda que esse Palmares abandonado tinha meia milha de comprido e duas portas, "a rua era da largura de uma braça, havendo no centro duas cisternas (…)".[23]

---

[22] "Relatório sobre o Estado das Alagoas apresentado pelo assessor Jones van Walbeeck e por Henrique de Moucheron, diretor do mesmo distrito e dos distritos vizinhos, em desempenho do encargo que lhes foi dado por Sua Excelência. E pelos nobres membros do Supremo Conselho". In: Gomes, Flávio (org.). *Mocambos de Palmares: história e fontes (séc. XVI-XIX)*, p. 162.

[23] "Relatório da viagem do capitão João Blaer aos Palmares em 1645". In: Carneiro, Edison. *O quilombo dos Palmares*, p. 255.

Três dias mais tarde, depois de atravessar outros aglomerados de mocambos abandonados pelos pretos, Blaer relata:

> Ao amanhecer do dia 21, chegamos à porta ocidental de Palmares, que era dupla e cercada de duas ordens de paliçadas, com grossas travessas entre ambas; arrombamo-la e encontramos do lado interior um fosso cheio de estrepes em que caíram ambos os nossos cornetas; não ouvimos ruído algum senão o produzido por dois negros, um dos quais prendemos, junto com a mulher e filho, os quais disseram que desde cinco ou seis dias ali havia apenas pouca gente, porquanto a maioria estava nas suas plantações e armando mundéus no mato; ainda mataram os nossos brasilienses dois ou três negros no pântano vizinho (…); um dos nossos cornetas, enraivecido por ter caído nos estrepes, cortou a cabeça a uma negra (…). Este Palmares tinha igualmente meia milha de comprido (…); as casas eram em número de 220 e no meio delas erguia-se uma igreja, quatro forjas e uma grande casa de conselho; havia entre os habitantes toda sorte de artífices e o seu rei os governava com severa justiça, não permitindo feiticeiros entre a sua gente (…); o rei também tem uma casa distante dali duas milhas, com uma roça muito abundante, casa que fez construir ao saber da nossa vinda, pelo que mandamos um dos nossos sargentos, com vinte homens, a fim de prendê-lo; mas todos tinham fugido (…).[24]

Por fim, no dia 23 de março de 1645, o capelão da tropa, convencido de que os soldados holandeses haviam dado cabo

---

24 Idem, ibidem, pp. 256-7.

daquele centro irradiador de problemas, anotou em seu breve diário de expedição que os holandeses tinham queimado todas as casas existentes em Palmares – as quais estavam dispostas em círculo –, bem como os objetos nelas contidos (cabaças, balaios e potes fabricados ali mesmo). Em seguida, Blaer, ciente de que nada mais havia ali a fazer, retirou-se com seus homens e, após uma milha de marcha, alcançou "um rio, todo cheio de penhascos, denominado Bonguá; ali deixamos de emboscadas, junto aos Palmares, um dos nossos sargentos com 25 homens, mas não sabemos o que conseguiram".[25]

Blaer, como se vê, apressadamente concluiu que os batavos tinham debelado o quilombo de Palmares. Mal podia ele supor que aquela comunidade duraria ainda meio século e que a sua existência nos escritos, e consequentemente no vocabulário dos brasileiros, seria ainda mais longa e impactante.

É essa vida, digamos, "literária" de Palmares que iremos acompanhar a partir daqui. Antes, porém, não é de todo inútil recordar ao leitor que as muitas descrições do quilombo e de seus habitantes que veremos adiante, legadas pela cultura colonial e, posteriormente, depois de 1822, pela cultura que se queria nacional, são muito mais do que meras maneiras que homens de letras (viajantes estrangeiros, religiosos, cronistas, poetas, jornalistas, romancistas, políticos, historiadores etc.), mais ou menos talentosos, honestos e documentados, encontraram para representar um acontecimento do passado local. Tais imagens de Palmares e de seu líder Zumbi são, sim,

---

[25] Idem, ibidem, p. 258.

ilustrativas dos modos como a sociedade brasileira – ao menos uma parte significativa dela –, em diferentes momentos de sua história, lidou com o expressivo contingente de negros e mulatos que a compõe. Feita a ressalva, é hora de passar à história dessas descrições.

Pouco antes de Blaer, em janeiro de 1644, Roloux Baro, um "intérprete" de origem judaica, embaixador da Companhia das Índias Ocidentais, em carta de Porto Calvo à administração holandesa, nomeadamente ao Conselho dos XIX,[26] teceu um sintético comentário acerca de Palmares, muito menos conhecido e detalhado do que o de Blaer, mas igualmente ilustrativo das preocupações suscitadas pelo quilombo entre os invasores holandeses. Baro conta que alcançou a região com o intuito de dar combate ao "pequeno Palmares", quando se surpreendeu diante do "grande Palmares". Depois de renhida batalha, restaram uma centena de quilombolas e somente um soldado de sua tropa mortos. Dentre os pouco mais de trinta rebeldes capturados vivos, o holandês destaca a presença de "sete tupis" e uns tantos mulatos. Destaca, também, que os mocambos contavam com criações e plantações capazes de sustentar as cerca de mil famílias que habitavam o lugar. O embaixador Baro, homem experimentado nos domínios holandeses no Atlântico, salienta por fim que "os negros viviam ali do mesmo modo que viviam em Angola".[27]

---

26 Conselho encarregado da administração da Companhia das Índias Ocidentais.

27 Mello, José Antônio Gonsalves de. *Tempo dos flamengos: influência da ocupação holandesa na vida e na cultura do Norte do Brasil*, p. 194.

Cerca de meia década mais tarde, em 1648, vem a público o penúltimo escrito holandês seiscentista sobre Palmares – o grande e o pequeno, como então se dizia. Trata-se da renomada *Historia Naturalis Brasiliae*, de autoria de Willem Piso e George Marcgrave. O trecho que descreve o quilombo, atribuído principalmente a Marcgrave, havia sido transcrito, um ano antes, pelo cronista Gaspar Barléus na sua *História dos feitos recentemente praticados durante oito anos no Brasil* (1647). Barléus era um homem bem relacionado e estava a serviço do conde Maurício de Nassau, o que lhe garantiu um acesso privilegiado à documentação produzida pela administração holandesa no Brasil.

A mesma passagem também seria, um pouco mais tarde, em 1682, reproduzida literalmente pelo último cronista holandês a publicar uma obra com menções ao tema, Johannes Nieuhof, autor do *Memorável viagem marítima e terrestre ao Brasil*. Eis a descrição que, de tão copiada que será pelos sucessores de Marcgrave, merece ser citada na íntegra:

> E há aqui dois distritos (…) que os lusitanos chamam *Palmares* por causa da abundância daquelas árvores que aí nascem, nos quais os negros fugitivos se refugiaram; destes um é chamado menor e o outro maior. No menor cerca de 6 mil negros dizem habitar e que está situado a vinte milhas acima de *Alagoas* (…). A aldeia daqueles consta de três largas ruas, das quais cada uma mede de comprimento meia hora de percurso. As casas todas contíguas e atrás delas as plantações deles. Imitam de alguma maneira a religião dos lusitanos e têm seus sacerdotes e juízes. Enviam dos seus em número frequente às cidades vizinhas, a fim de que arrebatem os

escravos dos lusitanos; aqueles, porém, eles utilizam por tanto tempo até que raptem outros. Os escravos, porém, que espontaneamente se agregam a eles logo eles próprios gozam daquela mesma liberdade. Alimentam-se dos frutos das palmeiras, de batatas, de feijão, de farinha, de mandioca, de milho e cana-de-açúcar, também de galinhas (das quais havia em abundância para eles) e de peixes que o rio vizinho fornece; não possuem outras carnes senão as das feras. Colhem seu milho duas vezes por ano e tendo sido terminada a colheita durante uma semana inteira passeavam, dançavam, comiam e bebiam festivamente (…). A maior Palmaria fica vinte ou trinta milhas atrás da aldeia de S. Amaro (…). Acredita-se ser cerca de cinco milhares de negros que vivem nos vales junto a este monte, além de muitos outros, que moram aqui e ali, de um lado cinquenta, de outro cem. Porém as casas são reunidas, de sorte que duzentos ocupam quase a quarta parte do milhar de hora; e constroem debaixo dos bosques nos quais têm um caminho aberto e preparado para fugir; pois sempre colocam sentinelas, que os avisam da chegada dos peregrinos. Da mesma maneira nos meses da seca mandam os seus para furtarem dos moradores as etíopes.[28]

Depois dos registros holandeses, há uma longa, ininterrupta e variada série de documentos administrativos, documentos em língua portuguesa e escritos por autoridades metropolitanas e coloniais, que dão conta das relações que a sociedade escravocrata de então, aquela que os lusitanos estavam construindo nos trópicos, mantinha com os quilombolas de Palmares: são

---

28 Marcgrave, Jorge. *História natural do Brasil*, p. 261.

bandos, notícias de expedições militares, cartas de governadores e outras autoridades, consultas, pareceres e resoluções do Conselho Ultramarino, requerimentos e relações. É útil passar os olhos por um desses documentos, talvez o mais detalhado deles, a "Relação das guerras feitas aos Palmares de Pernambuco no tempo do governador dom Pedro de Almeida (1675-1678)".[29]

O propósito inicial dessa curiosa narrativa anônima é, segundo enuncia o seu narrador, dar a conhecer as notícias que ao longo do tempo haviam se acumulado a respeito do já então renomado quilombo de Palmares. A rememoração, que o anônimo denomina "recopilação", principia por enfatizar a versatilidade das árvores que nomeiam o local, as palmeiras. Relata o documento que, da alimentação à cobertura das residências dos palmarinos, passando pela fabricação de ferramentas, cordas e roupas, tudo se podia obter dessas árvores nativas da região.

Em seguida, o narrador explica existirem não um, mas "distintos Palmares". Dentre uma dezena de aglomerações mais volumosas de casas e umas tantas outras de menor monta, o cronista destaca "o mocambo do Zambi", rei guerreiro que, a partir das décadas iniciais do século XVIII, se tornaria personagem central nas narrativas das guerras que marcaram a história de Palmares. A respeito da origem do quilombo e de seus moradores, o cronista acredita que, desde "o tempo [em]

---

29 "Relação das guerras feitas aos Palmares de Pernambuco no tempo do governador dom Pedro de Almeida (1675-1678)". In: Gomes, Flávio (org.), op. cit., pp. 220-33.

que houve negros cativos nestas capitanias, começaram a ter habitantes em Palmares", habitantes cujo número disparou durante a ocupação holandesa.

Havia ali, desde então, duas povoações de grande destaque, tendo a maior quase o dobro de casas que a menor. A mais importante delas, com aproximadamente 1.500 casas, é nomeada no documento como "cidade real". Nela habitava "Ganga Zumba, que quer dizer Senhor Grande", rei a quem todos os moradores obedeciam. Entre os palmarinos, essa cidade principal era conhecida como Macaco, uma cidade "fortificada toda em uma cerca de pau-a-pique com trincheiras abertas para ofenderem a seu salvo os combatentes; e pela parte de fora toda se semeia de estrepes (…)".[30] Relata ainda o anônimo haver no lugar juízes e encarregados de todas aquelas funções indispensáveis a "qualquer república". A rememoração inicial termina com uma longa e severa consideração sobre os pretos ali amotinados, inimigos "de décadas", que muitos danos causavam tanto à Coroa quanto aos moradores:

> Periga a Coroa, porque a seus insultos despovoaram os lugares circunvizinhos e se despejavam as capitanias adjacentes. E deste dano infalivelmente se seguiram outros inevitáveis, como era impossibilitar-se a conservação de todo Pernambuco (…). Destroem-se os vassalos porque a vida, a honra, a fazenda, porque lha destroçam e lhes roubam os escravos, as honras porque as mulheres, filhas, irreverentemente se tratam; as vidas porque estão expostas sempre

---

30 Idem, ibidem, p. 222.

a repentinos assaltos; de mais que os caminhos não são livres, as jornadas pouco seguras e só se marcha com tropas que possam rebater os seus encontros.[31]

O anônimo prossegue dando conta dos esforços da administração colonial para pôr fim àquele foco de instabilidade. Antes de entrar no tema, porém, reclama que o erário real e os cabedais dos moradores da região haviam sido vultosamente despendidos em 25 entradas que não lograram êxito em debelar os mocambos de Palmares e nem mesmo em enfraquecer as forças dos súditos de Ganga Zumba.

André Rocha, à testa de seiscentos homens, foi, após a expulsão dos holandeses, o primeiro enviado português a enfrentar o quilombo. Resultou desse empreendimento pioneiro a prisão de duas centenas de palmarinos, muito poucos, se levarmos em conta as quase "20 mil almas" que ali viviam, mas, segundo o autor do relatório, o suficiente para sabotar o ânimo dos sobreviventes. O que se viu daí em diante, no entanto, foi um sistemático rechaçar de tropas e soldados portugueses, de modo a ficarem destruídas as povoações dos invasores e "os Palmares conservados".

A situação só mudaria, enfatiza o narrador, com o governo de dom Pedro de Almeida. Debaixo de suas ordens, a 21 de novembro de 1675, partiu rumo a Palmares o sargento-mor Manuel Lopes com um contingente um pouco menor que o anterior. Mereceu relevo, dentre os feitos dessa segunda

---

31 Idem, ibidem.

expedição, a notícia de um revoltoso atingido: "(...) aqui se feriu com uma bala o general das armas, que se chamava Zambi,[32] que quer dizer Deus das guerras, negro de singular valor, grande ânimo e constância rara. (...) Ficou vivo, porém aleijado de uma perna".[33]

A disposição, contudo, dos que combatiam Palmares só começaria a mudar após a campanha levada a cabo pelo capitão-mor da Bahia Fernão Carrilho. A fama de que gozava em Pernambuco era de grande destruidor de mocambos e aldeias tapuias nos sertões baianos. O início de sua primeira investida contra o quilombo data de 21 de setembro de 1677. Após inúmeros combates, em 29 de janeiro de 1678, Fernão Carrilho deu Palmares por destruído. O documento registra, ainda, como evento final, coroador dos sucessos das autoridades portuguesas – particularmente do governador dom Pedro de

---

[32] Desde o século XVII, o nome do líder guerreiro de Palmares apresentou variações. Em 1675, como se vê, era Zambi; entre o início do Setecentos e as primeiras décadas do Oitocentos é mencionado como Zombi; Ferdinand Denis, em 1816, grafa Zombi e Zombé, e Ayres de Casal, em 1817, Zumbé. A grafia Zumbi, tal como conhecemos hoje, parece ter ganhado terreno a partir da década de 50 do século XIX – Joaquim Manuel de Macedo a utiliza em 1861 – e se consolidado ao longo do século XX. Ao que tudo indica, Zambi ou Zumbi são termos sinônimos na língua banto, e as corruptelas Zombi, Zumbé e Zombé, erros de grafia. Entretanto, de acordo com Nina Rodrigues, em *Os africanos no Brasil*, Zumbi é também um erro ortográfico. O antropólogo, contudo, pondera: "Mais prosódico do que ortográfico devemos considerar aliás o erro denunciado, pois é de Zumbi e não Zambi a forma por que ele se conserva na tradição popular brasileira. Ainda hoje, principalmente nos Estados do Norte do Brasil, conserva a significação de divindade ou santo dos negros da Costa" (p. 92).

[33] "Relação das guerras feitas aos Palmares de Pernambuco...", op. cit., pp. 224-5.

Almeida – contra Palmares, a celebração de um acordo formal de paz com Ganga Zumba.

Outras histórias, contudo, muitas outras na verdade, ainda seriam contadas sobre o quilombo e, principalmente, sobre aquele que seria celebrado crescentemente como seu grande líder, o então denominado Zambi. Já em 1675, três anos antes do acordo com Ganga Zumba, o militar português Francisco de Brito Freire, no livro sétimo do seu *A Nova Lusitânia, história da guerra brasílica*, no qual narra as inúmeras batalhas então disputadas pelos pernambucanos, dedica umas poucas páginas ao quilombo. O militar repete aí notícias já conhecidas a respeito da disposição das moradias e da organização administrativa do lugar. A novidade do seu relato são os conselhos que dá às autoridades portuguesas no sentido de debelar, de uma vez por todas, aquela comunidade de pretos insurgentes e mesmo de dissuadi-los da rebeldia.

Argumenta Brito Freire que todos os esforços bélicos para destruir o quilombo tinham naufragado e mesmo produzido um efeito contrário, pois este não parava de crescer. Diante de tal quadro, sugere umas tantas medidas alternativas. Poder-se-ia, por exemplo, em vez de atacar os pretos, "impossibilitar-lhes o descanso e o mantimento" e, uma vez debelado o quilombo, construir lá duas povoações para que os pretos não voltassem a se amotinar no local. Poder-se-ia, igualmente, e esta parece ser a solução preferida do autor, "reduzi-los com indústria, dando favor e liberdade a alguns dos que trazemos para persuadirem os mais que venham lograr seguramente, para as almas e para as vidas, na escola da nossa doutrina e no amparo da nossa assistência, o fruto da sua quietação". Aos pretos lá encontrados, arremata Brito Freire, dever-se-ia dar o mesmo destino daqueles alistados no Terço de Henrique Dias,[34] "que El-Rei mandou livrar: e assim lhes constaria, aos olhos dos mesmos senhores, andarem livres".[35]

Padre Antônio Vieira, ao contrário, não via com bons olhos qualquer medida que, como a proposta por Brito Freire – que certamente não foi o único –, visasse reintegrar os pretos amotinados de Palmares. Numa carta escrita em 1691 ao desembargador do Paço, Roque Monteiro Paim, o jesuíta explica que os habitantes do quilombo, além de não confiarem nos padres, eram rebelados e cativos, perseverando "em pecado contínuo e atual", o que os impossibilitava de "ser absoltos, de receber a graça de Deus e de se restituírem ao serviço e obediência de seus senhores".[36] A única maneira de trazê-los de volta à sociedade, prossegue Vieira, seria restaurar-lhes a liberdade, medida totalmente inviável, já que traria "a total destruição do Brasil", pois, quando os demais pretos soubessem que os palmarinos tinham, por meios não legais, se livrado do cativeiro,

---

[34] Henrique Dias, preto forro, destacou-se durante o século XVII na guerra que se estabeleceu entre portugueses e holandeses pelo domínio da porção Nordeste do Brasil. À testa de um exército de libertos, teve participação decisiva na vitória lusitana ocorrida na capitania de Pernambuco. Acabou confirmado por carta patente como "governador dos crioulos, negros e mulatos". Seu exército passou a ser mencionado nos textos dos contemporâneos como "Terço dos crioulos e mulatos" ou "Terço de Henrique Dias".

[35] Brito Freire, Francisco de. *A Nova Lusitânia, história da guerra brasílica*, pp. 177-8.

[36] Vieira, Padre Antônio. *Cartas do Padre Antônio Vieira*, tomo III, p. 621.

"cada cidade, cada vila, cada lugar, cada engenho, seriam logo outros tantos Palmares".[37]

Malgrado, no entanto, essas e outras tantas menções de holandeses e portugueses ao quilombo e aos problemas por ele suscitados, não há registros escritos descrevendo sua suposta destruição definitiva, no início do século XVIII, pelo bandeirante Domingos Jorge Velho. Todavia, cedo, muito cedo, após a sua derrocada final, o quilombo voltou a figurar nos escritos da época, evidenciando que a insubordinação, evasão e reunião de escravos eram preocupações permanentes da sociedade colonial brasileira – como haviam sido para os invasores holandeses de outrora –, sobretudo de seus poucos homens de letras, homens em geral livres, culturalmente brancos, ricos e preocupados com a insubordinação da escravaria.

Em 1730, vem à luz a mais portuguesa das histórias do Brasil, a *História da América portuguesa*, escrita por um desses homens preocupados com a escravaria, Sebastião da Rocha Pita. Formado por dez "livros", o trabalho desse senhor de engenho e literato baiano, mestre em artes pelo Colégio dos Jesuítas da Bahia e supostamente formado pela Universidade de Coimbra, abre com uma apreciação da terra descoberta por Cabral em 1500 e fecha com uma elogiosa descrição das ações do vice-rei Vasco Fernandes César de Meneses, seu contemporâneo. No livro oitavo, Rocha Pita dedica umas poucas páginas à história do quilombo de Palmares, dos primeiros pretos amotinados à destruição final pelas tropas governamentais.

---

37 Idem, ibidem.

O historiador setecentista começa por descrever como, de um pequeno grupo de quarenta pretos fugidos de vários engenhos de Porto do Calvo nos tempos da invasão holandesa – "brutos" que estimavam "mais a liberdade entre as feras que a sujeição entre os homens" –, formou-se, nas imediações dessa vila, ao longo de sessenta anos, uma verdadeira "república: sem a especulação de Aristóteles e de Platão nas suas repúblicas escritas, nem as leis promulgadas na de Atenas por Sólon, (...) formaram (...) [os pretos] (...) nos Palmares uma república rústica e a seu modo bem ordenada".[38]

Essa singular sociedade contava com um conjunto de leis próprias e era governada por um "Zombi", espécie de príncipe:

> Elegiam por seu príncipe, com o nome de Zombi (que no seu idioma vale o mesmo que diabo) um dos seus varões mais justos e alentados; e posto que esta superioridade era eletiva, lhe durava por toda a vida, e tinham acesso a ela os negros, mulatos e mestiços (isto é, filhos de mulato e negra) de mais reto procedimento, de maior valor e experiência, e não se conta e nem se sabe que entre eles houvesse parcialidades por competências de merecimento ou ambição de domínio, nem que matassem um para entronizar outro, concorrendo todos ao eleito com obediência e união, polos em que se sustentam os impérios.[39]

Assevera o historiador que o vultoso aglomerado de pretos evadidos semeou por mais de meio século o terror e a aflição entre

---

38 Rocha Pita, Sebastião da. *História da América portuguesa*, p. 215.
39 Idem, ibidem.

os fazendeiros da região, causando-lhes enormes prejuízos financeiros. Foi somente sob o governo de Caetano de Mello e Castro que, após sangrentas batalhas, Palmares sucumbiu. Privados dos campos, de onde tiravam seu sustento, e das armas, indispensáveis ao combate, os cativos, segundo Rocha Pita, "iam afrouxando", mas mantinham a esperança de que os homens da Coroa também não pudessem manter o cerco por muito mais tempo. O contingente de que dispunham era mínimo e, depois de terminada a guerra com os holandeses, desacostumado ao combate. Para mais, a fome grassava entre os soldados e as constantes tempestades que caíam na região os castigavam impiedosamente. Todavia, como pondera o baiano, "logo o sucesso, que não premeditaram, lhes mostrou o contrário do que presumiram".[40]

A derrota, segundo Rocha Pita, levou ao suicídio do Zombi e dos seus guerreiros mais valorosos:

> Entraram (…) encontrando alguma resistência nos negros, inferior à que presumiram; porque o seu príncipe Zombi com os mais esforçados guerreiros e leais súditos, querendo obviar o ficarem cativos da nossa gente, e desprezando o morrerem ao nosso ferro, subiram à sua grande eminência e voluntariamente se despenharam, e com aquele gênero de morte mostraram não amar a vida na escravidão, e não querer perdê-la aos nossos golpes.[41]

---

40 Idem, ibidem, p. 218.
41 Idem, ibidem, p. 219.

Por fim, informa o historiador baiano que a vitória das tropas governamentais foi motivo de grande júbilo para Mello e Castro, que, avisado do ocorrido, "recebeu a nova com públicas demonstrações, lançando do palácio dinheiro ao povo, e fazendo depois procissão solene de ação de graças".[42]

A *História da América portuguesa* de Rocha Pita é, sem sombra de dúvidas, o mais impactante escrito sobre Palmares e Zumbi publicado ao longo do período colonial. A bem da verdade, não seria equivocado dizer que inaugura uma linha de tradição no que diz respeito à descrição do quilombo e de seu líder. É compreensível, pois, que, em um tempo em que a originalidade não era um valor reputado importante pelos leitores, o beneditino e homem de letras recifense Domingos Loreto do Couto, em 1757, no seu "Desagravos do Brasil e glórias de Pernambuco" – obra publicada tardiamente, no início do século XX –, tenha dedicado um capítulo às "guerras cerviz do Palmar", todo ele parafraseado do escrito de Rocha Pita.

Exceção à regra foi Frei Antônio de Santa Maria Jaboatão, que, em 1761, no seu *Novo orbe seráfico brasílico*, em meio a notas acerca do árduo trabalho dos religiosos no Brasil, tece sobre o quilombo um rápido comentário que, embora desprovido de notícias novas ou detalhadas sobre o tema, se distancia do que narrara o tão reproduzido Rocha Pita. O religioso começa por informar que, em 1695, o governador Caetano de Mello e Castro enviou do Recife um exército para destruir definitivamente Palmares, que havia mais de sessenta anos, desde os

---

[42] Idem, ibidem.

tempos dos holandeses, levava o desassossego à região entre a "Villa da Alagoa e a Povoação de Porto Calvo". Conta o franciscano, ainda, que, para o bem dos povos daqueles lugares, os revoltosos "foram vencidos com grande resistência, mortos, e presos, e arrasada aquela tão forte, como abominável colônia, assistindo a toda esta arriscada empresa Religiosos Menores".[43]

Em 1805, contudo, o inglês Thomas Lindley, no seu *Narrativa de uma viagem ao Brasil*, retorna à *História da América portuguesa*. Lindley foi pego contrabandeando pau-brasil na costa de Porto Seguro e amargou doze meses de prisão em Salvador, uma detenção pouco rigorosa que lhe permitiu circular com relativa liberdade pela cidade e travar relações com seus habitantes. O seu diário dedica algumas páginas a Palmares, na verdade um resumo do texto de Rocha Pita, exceto pela introdução que faz ao tema, na qual, já bem ao gosto do século XIX, explica ao seu leitor:

> Ruas e praças da cidade estão atravancadas de grupos de seres humanos expostos à venda em frente às portas dos diversos negociantes a que pertencem. Cinco navios negreiros chegaram nos últimos três dias. Dado o número excepcional de negros importados desta vez, e dos muitos escravos já existentes na colônia, poder-se-ia imaginar que a tranquilidade pública estivesse correndo certo perigo, se se recordarem os últimos acontecimentos de São Domingos [atual Haiti]. Mas acontece exatamente o contrário: entregues à licenciosidade, não tendo de trabalhar

---

[43] Jaboatão, Frei Antônio de Santa Maria. *Novo orbe seráfico brasílico ou crônica dos frades menores da província do Brasil*, pp. 114-5, v. II.

demasiado e apreciando seus alimentos vegetais nativos, os negros mostram-se alegres e contentes. Uma política acertada é a mola da aparente humanidade dos colonos portugueses, que receberam terrível lição antes de adotar essa linha de conduta.[44]

Lindley e suas cogitações acerca do aprendizado que Palmares impusera aos colonos, no que tange à manutenção da ordem numa sociedade escravocrata, encerram a longa série de escritos sobre o quilombo e seu Zambi ou Zombi produzida no decorrer do denominado período colonial. O tema parece ter despertado relativo interesse dos contemporâneos do quilombo – lusitanos e holandeses – e também de um minguado número de homens de letras da colônia no século XVIII. Ora, se levarmos em conta que pouco se escreveu e publicou – em língua portuguesa ou em qualquer outra língua – sobre o Brasil ao longo dos séculos XVII e XVIII, a recorrência com que o quilombo aparece nos escritos é um indicativo bastante seguro de que tanto a sociedade que os colonos portugueses estavam construindo no Brasil, quanto a que os holandeses implantaram temporariamente no litoral nordestino se preocuparam com aquele núcleo de rebeldia que teimava em perturbar a ordem de uma sociedade erguida sobre os alicerces da escravidão.

Mas o que diziam esses escritos? De que modo os homens culturalmente brancos que tinham acesso à escrita construíram para seus coetâneos e também para a futura história do Brasil o quilombo de Palmares e seu líder, o tal Zambi?

---

44 Lindley, Thomas. *Narrativa de uma viagem ao Brasil*, p. 128.

Os textos, o leitor pôde acompanhar, são bastante repetitivos. Lembremos, mais uma vez, que estamos tratando de um tempo em que a originalidade não constitui um valor e a repetição é tomada como uma espécie de prova da verdade daquilo que é dito. Fala-se, a princípio, da formação da comunidade insurgente; em seguida, descreve-se a situação geográfica do quilombo, a disposição espacial dos mocambos, o número estimado de seus moradores, seus meios de subsistência, suas estratégias e aparatos defensivos e, por vezes, a sua organização administrativa.

Poucos são aqueles que atentam para a sua composição étnica – somente Baro menciona a existência de "tupis" entre os palmarinos, por exemplo. Poucos também se aventuraram a tecer considerações acerca daquilo que somente poderiam supor, pois jamais tinham visto com os olhos da cara: o modo de vida dos habitantes do quilombo, aquilo que denominamos o seu cotidiano. Baro diz que viviam "como em Angola", Marcgrave adianta umas poucas notícias sobre suas práticas agrícolas e sobre suas festividades, somente Rocha Pita aventurou-se a tecer considerações mais detidas acerca do tema, descrevendo aspectos da religião praticada pelos negros amotinados, generalidades sobre a estrutura jurídico-administrativa do quilombo e outras curiosidades, como o hábito dos quilombolas de sequestrar negras e mulatas escravas, de roubar e saquear as fazendas e casas das redondezas ou, ainda, de "acoitar" criminosos e fugitivos de toda espécie, "pondo-os no seu domínio".

E sobre Zumbi, o que dizem os homens dos séculos XVII e XVIII? De saída, é preciso ter em conta que a aparição de Zumbi –

então denominado Zambi ou Zombi – nos escritos da época é tardia, data do último quartel do século XVII, quando um anônimo menciona o "mocambo de Zambi", um suposto deus guerreiro. É novamente Rocha Pita o que mais notícias deu da personagem, que, segundo o historiador baiano, não era um indivíduo, mas um título, que significava diabo, conferido a um príncipe eleito entre os "varões mais justos e alentados" do quilombo. Rocha Pita conta ainda – notícia que, como se viu, é repetida pelos seus sucessores – que, quando da queda de Palmares, o então Zambi, recusando o retorno ao cativeiro, matou-se, no que foi seguido pelos seus guerreiros principais.

Mais do que isso não iremos encontrar nos escritos coloniais, os quais, redigidos pela parcela culturalmente branca e livre da sociedade que se formava nos trópicos, estavam interessados antes em relatar os sucessos alcançados pelos colonos e seus "capitães" no combate ao quilombo do que em glosar o dia a dia dos rebelados ou as virtudes e defeitos de seus líderes. O que interessava, em suma, era louvar os méritos de uma sociedade que, não obstante as dificuldades, soubera enfrentar e debelar uma de suas maiores ameaças.

O Zumbi do
Brasil independente

O século XIX inaugura, no tocante à construção de Palmares e de Zumbi na e pela sociedade brasileira, uma etapa distinta da anterior. Recordemos rapidamente ao leitor que, em 1808, d. João VI imigra com toda a sua corte para o Rio de Janeiro, introduzindo mudanças substantivas na vida do brasileiro. Em 1815, a colônia portuguesa dos trópicos é promovida, para grande contentamento da população local, à condição de Reino Unido a Portugal e Algarves. Em 1821, d. João VI, premido pelos acontecimentos, retorna a Lisboa, e seu primogênito, poucos meses depois, em 7 de setembro de 1822, proclama a independência política do Brasil e torna-se, com o título de Pedro I, o primeiro imperador das Américas. Menos de uma década mais tarde, em 1831, o príncipe português renuncia em nome de seu herdeiro – o futuro d. Pedro II –, e a condução do leme do país passa para as mãos das elites locais.

Ao longo dessa lenta passagem do Brasil de colônia a nação independente, assistiu-se a um enorme empenho de políticos, homens de letras, juristas, médicos, educadores e de uma série de outros grupos, ligados à condução dos destinos do país, no sentido de lançar as bases daquilo que então se denominava uma cultura nacional, uma cultura que pudesse legitimamente se autointitular brasileira e civilizada – isto é, com "cor local" mas próxima do modelo representado pelo Ocidente europeu. Interessa aqui saber, sobretudo, que lugar ocuparam os negros nesse Brasil independente e europeizado que se queria então edificar.

Um excelente ponto de partida é um conhecido escrito de 1823 do denominado "patriarca da Independência", José Bonifácio de Andrada e Silva, intitulado *Representação à Assembleia Constituinte e Geral do Império do Brasil sobre a escravatura*. Andrada insiste aí na ideia de que era urgente integrar o negro à nação que emergia, mas, de modo algum, o "negro escravo".

Depois de tecer pesadas críticas de natureza moral, econômica e política ao cativeiro de negros, e antes de apresentar o projeto de lei que encaminhava à Assembleia, propondo a gradativa extinção da escravatura, Andrada explica ao seu leitor que não tencionava abolir subitamente a escravidão, pois tal medida traria consigo mais males do que bens. Era preciso antes educar os escravos "na razão e na lei" para que pudessem, em benefício da sociedade, tornar-se "dignos da liberdade". Tomada tal medida, prossegue, "os moradores deste Império" passariam a ser vistos como cristãos e justos, e não mais como indivíduos cruéis e desumanos. Além disso, os senhores teriam muito a lucrar: liberariam os cabedais absorvidos pela escravidão e livrariam "as suas famílias de exemplos domésticos de corrupção e tirania; de inimigos seus e do Estado; que hoje não têm pátria, e que podem vir a ser nossos irmãos, e nossos compatriotas".[45]

---

45 Andrada e Silva, José Bonifácio de. *Projetos para o Brasil*, pp. 31-2.

Os conselhos de Andrada, contudo, caíram quase inteiramente no vazio. O Brasil persistiria escravista até 1888, quando, depois de muitos rodeios do governo local e pressões das nações estrangeiras, sobretudo da Inglaterra, aboliu-se legalmente o cativeiro de negros no país. Igualmente no vazio caíram as suas sugestões de se promover uma gradativa integração social, política e cultural dos negros ao Brasil que se estava construindo. Malgrado os constantes e variados registros indicando a presença maciça dos africanos e de seus descendentes na sociedade brasileira e o enorme papel que aí desempenhavam, as elites letradas do Oitocentos não encontraram nada de muito positivo a dizer sobre eles, o que denota a imensa dificuldade que enfrentaram para encaixá-los na dita sociedade civilizada, isto é, na sociedade europeizada que se tentava implantar nos trópicos.

Nunca é demais lembrar que essa é uma sociedade em que uma parte significativa dos abolicionistas queria pôr termo à escravidão não por razões humanitárias, mas, sim, por pensarem que o escravo e seus descendentes causavam uma série de males à sociedade que se queria branca e civilizada. Males de ordem econômica, pois, como explica exemplarmente o político e jornalista Francisco Torres Homem, em 1836, em um artigo estampado nas páginas da célebre revista *Niterói*:

> (…) a escravatura atrás de si arrasta os seguintes inconvenientes: 1º a inércia das classes livres; 2º a dificuldade da emigração dos colonos europeus, que de modo algum se querem expor a concorrer com escravos; 3º à impossibilidade do uso das máquinas;

4º o estado de pobreza da nação, pela limitada produção e pela imperfeição dos produtos, resultado da indolência e incapacidade do escravo; 5º a lentidão da marcha da população.[46]

Males, também, de ordem física e moral, na medida em que, como explica o político, jornalista e escritor Joaquim Manuel de Macedo, em 1869, dando voz a uma opinião bastante comum aos homens de letras e de Estado do seu tempo, os negros carregavam:

> (...) os vícios ignóbeis, a perversão, os ódios, os ferozes instintos do escravo, inimigo natural e rancoroso do seu senhor, os miasmas, deixem-nos dizer assim, a sífilis moral da escravidão infeccionando a casa, a fazenda, a família dos senhores, e a sua raiva concentrada, mas sempre em conspiração latente atentando contra a fortuna, a vida e a honra dos seus incônscios opressores. É o quadro do mal que o escravo faz de assentado propósito ou às vezes involuntária e irrefletidamente ao senhor.[47]

Fontes de tantos males, os negros e mulatos naturalmente não figuravam nos mitos fundadores da nação que emergia. Ilustrativo de tal exclusão é um escrito de 1872, do ex-ministro da Justiça e romancista José de Alencar, em que o cearense, ao realizar um balanço da contribuição de sua obra para a forma-

---

46 Homem, Francisco Sales Torres. "Considerações econômicas sobre a escravatura", p. 35.

47 Macedo, Joaquim Manuel de. *As vítimas algozes. Quadros da escravidão*, pp. 4-5.

ção dos mitos nacionais, "se esquece" do enorme contingente de negros que compunha a população do país. Alencar explica, bem ao gosto romântico, que a literatura nacional é a "alma da pátria", uma alma que havia transmigrado da Europa e se adaptado no Brasil, impregnando-se da "seiva americana". É justamente a história de tal adaptação que ele, como diz ao seu leitor, pretendeu contar ao longo de sua obra:

> O período orgânico desta literatura conta já três fases. A primitiva, que se pode chamar aborígine, são as lendas e mitos da terra selvagem e conquistada; são as tradições que embalaram a infância do povo, e ele escutava como o filho a quem a mãe acalenta no berço com as canções da pátria, que abandonou. *Iracema* pertence a essa literatura primitiva, cheia de santidade e enlevo, para aqueles que veneram na terra da pátria a mãe fecunda – *alma mater*, e não enxergam nela apenas o chão onde pisam. O segundo período é histórico: representa o consórcio do povo invasor com a terra americana, que dele recebia a cultura, e lhe retribuía nos eflúvios de sua natureza virgem e nas reverberações de um solo esplêndido. Ao conchego desta pujante criação, a têmpera se apura, toma alas a fantasia, a linguagem se impregna de módulos mais suaves; formam-se outros costumes, e uma existência nova, pautada por diverso clima, vai surgindo. É a gestação lenta do povo americano, que devia sair da estirpe lusa, para continuar no novo mundo as gloriosas tradições de seu progenitor. Esse período colonial terminou com a independência.[48]

---

48 Alencar, José de. *Sonhos d'ouro: romance brasileiro*, p. 4.

Índios e europeus, como se vê, figuravam nas lendas e mitos que Alencar queria ver propagados entre os brasileiros. Aos negros, seus romances, peças e crônicas dedicaram um espaço menor e papéis menos alvissareiros, e não somente os seus escritos assim procederam, a sociedade brasileira imperial, em linhas gerais, seguiu o mesmo caminho: não havia lugar para os negros no Brasil independente e civilizado do século XIX.

Ora, nesse Brasil com tantos negros, mas com tão pouco espaço social para eles, Zumbi e a revolta de Palmares despertaram pouquíssima atenção daqueles homens que se interessaram pelo passado nacional. Isso, todavia, não quer dizer que a maior revolta negra do período colonial e seu mais popular líder tenham desaparecido dos escritos sobre o país.

Dois anos depois do desembarque de d. João VI na colônia, em 1810, saía em Londres a *História do Brasil*, do historiador inglês Robert Southey, um dos primeiros escritos do Oitocentos sobre o país a se referir ao acontecimento de Palmares. Southey, que dedica dois exíguos parágrafos ao tema, não inova nos documentos que utiliza – as narrativas de George Marcgrave e Brito Freire –; contudo, os breves comentários que introduz no texto mostram que algo mudara na representação de Palmares. O quilombo de Southey, mais do que um polo de resistência escrava, era um incômodo extra a ser enfrentado pela colonização portuguesa, que na época já sofria os deletérios efeitos da guerra contra os holandeses. O lugar era, também, um reduto de criminosos unidos – e isso é digno de nota – pela comunhão da cor, pois, como explica Southey, os palmarinos moviam guerra implacável e sem piedade contra todos, exceto contra "os da sua cor, a respeito dos quais era prática estabelecida receber em pé de perfeita igualdade os desertores, e reter escravos os que eram feitos prisioneiros".[49]

Alguns anos mais tarde, o francês Alphonse de Beauchamp, no seu *Histoire du Brésil*, publicado em 1815, também faz uma brevíssima menção a Palmares, incluindo-o no rol das possibilidades que tinha o negro, nos tempos da guerra contra os holandeses, de obter a sua liberdade. Em 1817, porém, o capelão Manuel Ayres de Casal, aplicado estudante da geografia e da história do Brasil, vai um tanto além dos estrangeiros e dedica duas páginas do seu *Corografia brasílica* a Palmares. Casal também inova pouco em relação ao que havia sido escrito sobre o tema na colônia, sobretudo pelo incontornável Rocha Pita: situa geograficamente o quilombo, descreve a sua formação e crescimento, mapeia a sua ordenação interna, aborda alguns aspectos da sua suposta estrutura administrativa e judiciária, tece rápidos comentários a respeito das relações econômicas que o quilombo mantinha com as propriedades vizinhas, destaca o seu líder "Zumbé" e, retomando os comentários de Southey, salienta a distinção do tratamento dispensado pelos quilombolas aos negros que livremente buscavam Palmares e aos que eram capturados nas fazendas vizinhas.

Casal advoga que os palmarinos concediam aos escravos que caíam nas suas boas graças "imediatamente a liberdade". Todavia, àqueles que capturavam durante as batalhas ou ao longo de suas investidas reservavam invariavelmente a escravidão.

---

49 Southey, Robert. *História do Brasil*, p. 362, v. 1.

Os primeiros, prossegue, "tinham pena de morte, se fugiam, e eram agarrados, castigo que não experimentavam os trânsfugas, que haviam sido represados".[50]

Entre as repetitivas considerações do capelão Casal e as poucas páginas que o Visconde de Porto Seguro, Francisco Adolfo de Varnhagen, dedicou ao tema no seu célebre *História geral do Brasil* (1854-1857), a primeira história geral do país escrita por um brasileiro, pouco ou quase nada se publicou sobre o quilombo de Palmares e seu líder Zumbi.

Desse pouco que veio a público, merecem destaque as notas legadas pelo francês, amante e estudioso do Brasil, Ferdinand Denis. O seu *Brasil* propõe, numas poucas páginas, uma espécie de leitura crítica da repisada descrição de Rocha Pita. É certo que Denis lera também Brito Freire e Casal, aos quais faz menção ao longo do texto; Rocha Pita, contudo, é seu interlocutor preferencial, "o livro que lhe serve de base", como salienta. O ponto de partida do brasilianista é uma censura ao estilo "pedantesco" e grandiloquente do baiano:

> Rocha Pita diz que, aumentando em número, penetraram eles mais no sertão da província; que entre si repartiram os campos descobertos e que os distribuíram pelas famílias fugitivas, dilatando assim suas riquezas e sua jurisdição, acrescenta ele em seu estilo pedantesco, sem se perturbar o menos possível com a república de Platão ou as especulações de Aristóteles.[51]

---

50 Casal, Manuel Ayres de. *Corografia brasílica*, p. 161, tomo 2.
51 Denis, Ferdinand. *Brasil*, p. 263.

Esse tom "pedantesco", advoga Denis, dá aos acontecimentos de Palmares cores excessivas e ares demasiado épicos:

> Procuraram companheiras como os romanos; e, posto que Rocha Pita afirme, com suas perpétuas reminiscências de antiguidade, que o rapto das sabinas não foi mais amplo e nem mais completo, sabe-se que os palmarenses se apoderaram simplesmente, à mão armada, das mulheres de cor e mesmo brancas que se achavam nas roças dos arredores.[52]

Mais adiante, o francês, retomando uma polêmica presente nos escritos dos tempos da colônia, discorda do historiador baiano quanto ao significado do nome Zombi:

> O historiador português que mais particularidades nos forneceu diz que eles formaram *uma república rústica*, mas muito *bem ordenada ao seu modo*. Adotaram um governo eletivo; seu chefe, chamado Zombi ou Zombé, durante a vida conservava a suprema dignidade. O nome imposto a esse chefe não é exatamente o de diabo entre as nações africanas, como diz Rocha Pita, mas serve para designar um gênio terrível.[53]

A desconfiança em relação ao relatado por Rocha Pita persiste e, ao reproduzir as informações legadas pelo baiano acerca de alguns edifícios "nobres" de Palmares, Denis adverte os seus leitores:

---

52 Idem, ibidem.
53 Idem, ibidem, pp. 263-4.

Seja como for, e sempre desconfiando dos exageros do livro que nos serve de base, a agricultura fez reais progressos e a população aumentou de modo extraordinário (...). O palácio do Zombê era provavelmente o único edifício que tinha um aspecto monumental. Rocha Pita, de quem sempre se deve desconfiar um pouco, afirma que o palácio era de uma suntuosidade bárbara quanto à forma e extensão, mas que tinham magníficas habitações de particulares.[54]

As críticas ao muito citado Rocha Pita continuaram na mencionada *História geral do Brasil*, de Varnhagen. O patriarca da historiografia brasileira, a bem da verdade, não deixou registrado muita coisa sobre o tema, e o pouco que deixou demonstra, de um lado, seu desapreço pelo acontecimento e, de outro, a já conhecida desconfiança em relação aos supostos exageros de Rocha Pita. A primeira menção ao quilombo em sua obra não diz respeito ao perigo representado pelos quilombolas ou às condições em que se desenrolaram o conflito até a batalha final. Varnhagen trata tão somente de um choque de competências administrativas, desencadeado pela existência do quilombo, entre a Câmara Municipal de Olinda, representante dos mandatários locais, e o governador de Pernambuco, agente do poder metropolitano, que acabou sendo desautorizado por Lisboa.[55]

Mais adiante em sua narrativa, Varnhagen, sem negar a importância dos acontecimentos da serra da Barriga, retoma

---

54 Idem, ibidem, p. 264.
55 Varnhagen, Francisco Adolfo de. *História geral do Brasil*, p. 231 v. 2.

o tom de suspeita em relação aos relatos coloniais que vimos em Denis, sobretudo ao de Rocha Pita:

> Que os mocambos e quilombos de Palmares vieram seriamente a constituir um ou mais Estados no Estado não é possível pôr em dúvida; entretanto, temos que exageram os que, amigos do maravilhoso, os apresentam como organizados em república constituída com leis especiais, e subordinados a um chefe que denominavam Zombi, expressão equivalente à com que na língua conguesa se designa a Deus.[56]

O escritor arremata a sua breve passagem por Palmares exaltando a atuação do bandeirante paulista Domingos Jorge Velho, o grande ponto de interesse de Varnhagen, um historiador preocupado em fixar os nomes daqueles "brasileiros ilustres" que deixaram a sua marca na construção do Brasil:

> O paulista Domingos Jorge Velho, muito conhecedor das artes e ardis das guerras do mato no Brasil, pelas campanhas que fizera nos sertões, em bandeiras contra os índios, se apresentou em 1687 ao governador de Pernambuco com um projeto para terminar essa conquista, ficando vantagens dela para ele e seus sócios (…). Travou-se uma encarniçada campanha, da qual infelizmente não nos consta que houvesse um cronista que perpetuasse mais esses heroicos feitos dos paulistas. Em

---

56 Idem, ibidem, p. 258.

1695 tiveram lugar os mais sanguinolentos ataques; porém só em 1697 os Palmares se puderam julgar de todo conquistados.[57]

Depois do panegírico a Jorge Velho, legado por Varnhagen, talvez o primeiro de uma série de outros que surgirão ao longo do Oitocentos, os homens de letras (historiadores, jornalistas, literatos...) do século XIX parecem não ter julgado, por um bom tempo, oportuno ou interessante contar aos seus coetâneos acerca daquele episódio que tanta inquietação causara aos colonos do século XVII. O quilombo, no entanto, não desapareceu de todo dos escritos então publicados no país. Em 1843, o general José Inácio de Abreu e Lima, no seu bem acolhido *Compêndio da história do Brasil*, refere-se muito rapidamente a ele. A partir de 1842, Palmares e Zumbi passam a frequentar as revistas dos institutos históricos, a princípio a do nacional, mais tarde, as dos institutos pernambucano, alagoano e cearense.

A criação do Instituto Histórico e Geográfico Brasileiro, bem como a de seus congêneres regionais, insere-se, vale ressaltar, naquele amplo processo de construção de uma cultura nacional que mencionamos, processo desencadeado pelas elites letradas locais no período posterior ao desembarque de d. João VI, em 1808, e, sobretudo, depois da Independência, em 1822. Esperava-se muito desse gênero de instituições, como se depreende da apresentação do número inaugural da *Revista do Instituto Histórico e Geográfico Brasileiro* (1839), assinada

---

57 Idem, ibidem, pp. 258-9.

pelo incansável promotor das letras nacionais, o sermonista, político e literato Januário da Cunha Barbosa:

> Sendo inegável que as letras, além de concorrerem para o adorno da sociedade, influem poderosamente na firmeza de seus alicerces, ou seja, pelo esclarecimento de seus membros ou pelo adoçamento dos costumes públicos, é evidente que em uma monarquia constitucional, onde o mérito e os talentos devem abrir as portas aos empregos, e em que a maior soma de luzes deve formar o maior grau de felicidade pública, são as letras de uma absoluta e indispensável necessidade, principalmente aquelas que, versando sobre a história e geografia do país, devem ministrar grandes auxílios à pública administração e ao esclarecimento de todos os brasileiros. Por isso, os abaixo assinados, (…) conhecendo a falta de um Instituto Histórico Geográfico nesta Corte, (…) desejam e pedem sua pronta instalação (…).[58]

Parte dos esforços do Instituto no sentido de "lançar as luzes" sobre o país, especialmente sobre o seu passado, e contribuir para a "felicidade pública" consistiu em publicar nas páginas de sua revista os tais "documentos interessantes" para a história do Brasil.

Foi justamente num artigo dedicado a salientar o valor de tais documentos para a compreensão do passado que Zumbi e Palmares fizeram sua estreia na revista. O seu terceiro número trazia um ensaio intitulado "Quais os meios de que se deve lançar mão para obter o maior número possível de

---

[58] Barbosa, Januário da Cunha. "Breve notícia sobre a criação do Instituto Histórico e Geográfico Brasileiro", pp. 5-6.

documentos relativos à história e à geografia do Brasil?", do desembargador Rodrigo de Souza da Silva Pontes. O escrito, a certa altura, disserta sobre a importância que tinham os documentos e o seu confronto para o esclarecimento de alguns pontos polêmicos ou obscuros do passado nacional. Um dos exemplos escolhidos pelo desembargador para ilustrar o seu raciocínio dizia respeito justamente a Palmares. Pontes propõe um confronto entre os escritos de Brito Freire, Barléus e Rocha Pita "acerca da famosa história da povoação ou povoações que deram nome à guerra de Palmares". Depois de apontar inúmeras contradições entre os três escritos, o desembargador arremata: "Não tomo sobre mim a solução dessas questões, que na verdade apenas podem ser decididas sendo estudadas nos lugares onde os acontecimentos se passaram, (...) ouvidas e averiguadas as tradições, e examinados os documentos (...)".[59]

O pequeno balanço do desembargador, se não suscitou uma avalanche imediata de publicações sobre o tema – nem os interesses, nem os gostos dos homens de letras de então se inclinavam para tal –, abriu caminho para a crescente divulgação, na *Revista do Instituto Histórico e Geográfico Brasileiro*, mas também nas páginas dos periódicos editados pelo Instituto Histórico Alagoano e pelo Instituto Arqueológico, Histórico e Geográfico de Pernambuco, de diversos documentos relativos ao quilombo e, indiretamente, ao guerreiro Zumbi.

---

59 Pontes, Rodrigo de Souza da Silva. "Quais os meios de que se deve lançar mão para obter o maior número possível de documentos relativos à história e à geografia do Brasil?", pp. 151-4.

A *Revista do Instituto Histórico e Geográfico Brasileiro* saiu na frente e, em 1859, publicou o já citado "Relação das guerras feitas aos Palmares de Pernambuco no tempo do governador dom Pedro de Almeida (1675-1678)", documento anônimo, extenso e detalhado, que fazia um balanço das guerras movidas pela administração portuguesa contra os negros amotinados em Palmares. A revista, porém, não trouxe a público muito mais do que isso. Igualmente lacônico foi o periódico do Instituto Arqueológico, Histórico e Geográfico de Pernambuco, que publicou somente dois documentos sobre o tema na década de 80 do Oitocentos. Contribuição realmente importante para a divulgação de documentos relativos a Palmares deu a *Revista do Instituto Histórico Alagoano*, que no último quartel do XIX, sobretudo ao longo da década de 1870, publicou quase duas dezenas de escritos dos séculos XVII e XVIII relativos ao quilombo.

Qual a natureza de tais escritos? Tanto a publicação alagoana quanto as suas congêneres nacional e pernambucana trouxeram à luz bandos, notícias de expedições militares, cartas de governadores e outras autoridades, consultas, pareceres e resoluções do Conselho Ultramarino, requerimentos, relações, em suma, documentos de natureza militar e administrativa. Documentos desse gênero continuariam a ser levantados, transcritos e publicados ao longo das primeiras décadas do século XX.[60]

---

60 Merecem menção especial a coleção Documentos Históricos (1928-1955), da Biblioteca Nacional, coordenada por José Honório Rodrigues, e a Coleção Studart, publicada na *Revista do Instituto Histórico do Ceará*, pelo Barão de Studart.

Um pouco antes, porém, da enxurrada desses documentos históricos publicados pelas revistas dos institutos, sobretudo o de Alagoas, Estado que abrigara o quilombo, Palmares e Zumbi estrearam nas páginas do livro didático. O manual em questão, intitulado *Lições de história do Brasil*, veio a público em 1861 pela Livraria Garnier e havia sido escrito pelo então popularíssimo Joaquim Manuel de Macedo, o mesmo autor de *A Moreninha*, publicado em 1844. O romancista, que também ensinava história do Brasil no Colégio Pedro II – instituição carioca, criada em 1837, responsável pela formação da elite do país –, escrevera o livro em benefício de seus alunos, então carentes de uma obra que sistematizasse aquilo que de essencial deveriam saber sobre a história do país que, futuramente, ajudariam a governar. Mas o que Macedo julgava ser pertinente ensinar aos futuros mandatários do país acerca do acontecimento de Palmares?

A resposta encontra-se na Lição 25, intitulada "Destruição dos Palmares, guerras civis dos mascates, em Pernambuco, e dos emboabas, em Minas Gerais (1687-1714)". O quilombo e seu líder Zumbi aí mereceram de Macedo três parágrafos, onde, lançando mão sobretudo das informações constantes na *História geral do Brasil*, de Varnhagen – que recorrera a Rocha Pita –, escreve:

> Aproveitando-se da desordem, das emigrações e do abandono de fazendas e propriedades, durante a guerra holandesa, muitos escravos fugiram e foram acoitar-se nas faldas da serra da Barriga e provavelmente em outras matas, formando quilombos, onde pelo correr do tempo outros escravos se reuniram aos primeiros,

procurando assim livrar-se da opressão do cativeiro, e sem dúvida também a eles se ajuntaram desertores e criminosos.

Estes famosos quilombos foram conhecidos pelo nome de "Palmares"; os quilombolas que os povoavam subiam ao número de alguns mil e tiveram uma espécie de governo, cujo chefe se denominava "zumbi".

A existência dos "Palmares" era um perigo para as capitanias onde existiam e que avizinhavam com esses quilombos; mas, debalde, acabada a guerra holandesa, mandaram contra eles por vezes os governadores de Pernambuco expedições sucessivas, os "Palmares" zombaram das forças de governo, até que enfim, em 1667, o paulista Domingos Jorge Velho obrigou-se a destruir aqueles quilombos e a aprisionar os quilombolas mediante certas condições que foram aceitas pelo governador de Pernambuco, João da Cunha Souto Maior, e seguindo-se encarniçada campanha, e muitos combates, em que ostentaram todo o seu valor os paulistas comandados por Domingos Jorge, conseguiu este conquistar definitivamente os Palmares em 1697, tendo o zumbi e alguns de seus principais companheiros preferido a morte à escravidão, despenhando-se do alto de um rochedo alcantilado.[61]

O objetivo central de Macedo, como se vê, não é oferecer aos seus pupilos informações sobre Palmares e seu líder; seu objetivo era, antes – e os exercícios propostos no final da lição, em que enfatiza o papel do herói bandeirante, deixam isso claro –, destacar que o quilombo vingara em razão da "desordem" social

---

61 Macedo, Joaquim Manuel de. *Lições de história do Brasil*, pp. 224-5.

causada pela invasão holandesa e, muito especialmente, salientar o caráter heroico do "paulista notável" Domingos Jorge Velho.

Trajetória similar ao manual de Macedo seguiu o segundo e último livro didático de história do Brasil do século XIX, o *Lições de história do Brasil proferidas no internato do imperial Colégio Pedro II*, publicado na corte em 1880, do também lente do colégio Luís de Queirós Mattoso Maia. O manual conheceu pelo menos três reedições até o final do século XIX e entrou para o rol dos livros recomendados pelo Pedro II em 1882, logo depois da morte de Macedo, ocorrida no mesmo ano.

O capítulo em que Maia trata de Palmares e de Zumbi tem exatamente o mesmo título daquele escrito por Macedo, "Destruição dos Palmares. Guerras civis dos mascates e dos emboabas". Idênticos são também os espaços que ambos concederam ao acontecimento nas suas narrativas: pouco mais de dois parágrafos. O conteúdo das passagens, contudo, não é tão coincidente. Eis o que diz Maia:

> Desde as primeiras operações contra os holandeses, tinham-se acoitado muitos escravos nas faldas da serra da Barriga, na província das Alagoas. Esses quilombos foram organizando-se mais ou menos regularmente, e obedeciam a um chefe a que chamavam Zumbi. Apareceram exagerações sobre o número desses pretos, uns diziam que eram 11 mil, e outros elevavam esse número a 30 mil. Os principais quilombos existiam nos lugares em que posteriormente se formaram as vilas de Jacuípe e da Atalaia.
>
> O governador-geral Francisco Barreto de Menezes e seus sucessores mandaram improficuamente 25 expedições para exterminarem os

quilombos. O capitão Fernão Carrilho obteve algumas vitórias; mas não foram decisivas, 1675-1678. O que o governo não tinha podido conseguir, obteve-o um simples particular. O paulista Domingos Jorge Velho ofereceu-se para dar cabo dos *Quilombos dos Palmares*, 1687, mediante certas condições, como a concessão de sesmaria das terras conquistadas, a propriedade dos escravos aprisionados com a obrigação de mandar para fora da capitania os maiores de sete anos, perdão de morte aos que não fossem chefes, e garantia para os chefes e oficiais da expedição, de quatro hábitos das três Ordens militares pela conclusão da guerra.

Só no fim de dez anos, 1697, foi que o valente empreendedor paulista pôde concluir a sua tarefa, exterminando os quilombos; o Zumbi e os principais chefes preferiram despenharem-se do alto de um rochedo alcantilado a entregarem-se.[62]

Maia parece mais atento ao acontecimento de Palmares: dá mostras de conhecer melhor a documentação disponível, discute os números aventados pelos registros coetâneos e endossados pelos historiadores precedentes, quantifica as expedições que antecederam a definitiva vitória sobre o quilombo, detalha a "adesão" de Domingos Jorge Velho à causa antipalmarina, enfim, é mais pródigo em detalhes com seus alunos-leitores. Do mesmo modo que Macedo, Maia não está interessado em dar a conhecer detalhes acerca da vida de Palmares ou de seu líder, Zumbi, a respeito de quem mais não diz do que aquilo que

---

62 Maia, Luís de Queirós Mattoso. *Lições de história do Brasil, proferidas no internato do imperial Colégio Pedro II*, pp. 169-70.

disseram dezenas de seus antecessores: que era um líder e que, recusando retornar ao cativeiro, se precipita de um "rochedo alcantilado". É verdade que Maia, na reedição de seu manual em 1886, introduz, em razão do contato com "novos e esclarecedores documentos", como então se dizia, uma pequena mas substantiva mudança na sua perspectiva dos quilombolas e de seu líder Zumbi. Em seu raciocínio renovado, o docente pondera que:

> Só em fins de 1695 e princípios de 1696 foi que o valente empreendedor paulista pôde concluir a sua tarefa, exterminando os quilombos. Para conseguir tão completa vitória foi preciso que o governador e capitão general de Pernambuco, Caetano de Mello e Castro, mandasse um corpo de exército de 6 a 7 mil homens com artilharia, dispostos em três colunas (...). O Zumbi, traído afinal por um mulato, e atacado no seu mocambo, onde lhe restavam apenas seis homens, morreu pelejando com a maior coragem.[63]

Malgrado, no entanto, a importante alteração – pela primeira vez salientava-se a morte nobre do Zumbi –, Maia, assim como seu antecessor, Macedo, já havia escolhido o seu herói: o "valente empreendedor paulista" Jorge Velho, personagem que deveria ser retido na memória dos seus pupilos.

Entre o manual de Macedo e o de Maia, foram publicados dois livros em língua portuguesa, deste e do outro lado do Atlântico, com menções a Palmares. Em 1866 e 1867, o jurista e

---

63 Idem, ibidem, 5. ed., p. 184.

aplicado pesquisador Agostinho Marques Perdigão Malheiros lança, em três volumes, *A escravidão no Brasil*, o mais completo tratado jurídico a respeito da escravidão indígena e africana publicado no país. De saída, o episódio de Palmares ganha, no volume 2 de sua obra, uma pequeníssima menção. Em meio a considerações acerca da organização de quilombos no Brasil escravista, o jurista comenta que, em razão da extensão territorial e da densidade das matas do país, era fácil para um negro, disposto a viver do latrocínio, evadir-se do seu senhor. E que, embora escapasse ao seu intuito, naquela altura da obra, abordar tal temática, quando o que estava em causa eram quilombos, o de Palmares "era por demais notável"[64] para que deixasse de o mencionar.

É somente na terceira e última parte do seu livro, intitulada "Os africanos", que Palmares retorna com mais força. Aí Malheiros dedica três parágrafos a analisar o mais "notável" dos quilombos. Analisar, porém, não é bem a palavra; o jurista limita-se a arrolar, a partir dos escritos de Rocha Pita, Casal e Varnhagen, o que julga serem as informações centrais sobre Palmares: dimensões geográficas, dados populacionais e, além de um ou outro comentário acerca da organização interna e da capacidade bélica dos insurgentes, a sequência de eventos que levou à derrocada dos palmarinos. Ao concluir, o jurista, em coro com a maioria dos intelectuais de sua época, assevera que aquele também foi um episódio decorrente da adoção do

---

64 Malheiros, Antônio Marques Perdigão. *A escravidão no Brasil: ensaio histórico-jurídico-social*, p. 24, tomo I, parte 1ª.

cativeiro de negros no Brasil; em suas palavras, o que ocorreu em Palmares podia ser creditado às "fatais consequências da perniciosíssima instituição – a escravidão".[65]

O intelectual português Joaquim Pedro de Oliveira Martins é bem mais pródigo e, vale dizer, "poético" acerca de Palmares. Em *O Brasil e as colônias portuguesas*, publicado em Lisboa, em 1880, dedica duas páginas ao quilombo. O português, que jamais pisara em solo brasileiro, legou-nos uma descrição de Palmares que, afinada com o seu tempo e o seu país, introduz um elemento novo nos quadros que até então tinham sido pintados do quilombo no século XIX: o caráter épico da resistência dos negros revoltosos. Oliveira Martins inicia a sua passagem por Palmares em tom grandioso. Ao comparar antigas e modernas formas de revolta contra a civilização, diz que as primeiras eram superiores às últimas "em nobreza". Palmares, contudo, "o mais belo, o mais heroico" exemplo de protesto do escravo, contrariava essa regra: "É uma Troia negra, e a sua história uma *Ilíada*".[66]

O que se segue é uma rápida descrição da formação do quilombo extraída do bom e velho Rocha Pita. Oliveira Martins, no entanto, introduz, aqui e ali, um ou outro comentário, buscando detalhar, com tons literários, o quadro pintado pelo baiano:

> À maneira que prosperavam, abandonavam a pilhagem, fazendo-se agricultores. Lavravam e comerciavam; e os fazendeiros dos arredores, vendo-se livres do incômodo antigo de vizinhos tão

---

[65] Idem, ibidem, p. 34, tomo II, parte 3ª.
[66] Oliveira Martins, Joaquim Pedro de. *O Brasil e as colônias portuguesas*, p. 64.

hostis, tratavam agora com a cidade nascente, vendiam-lhe fazendas e armas. Assim as nações se formam, e Palmares merecia já este nome, quando, reconquistado e pacificado o norte do Brasil, o governo resolveu submeter a república (1695).[67]

Finalmente, depois de traçar um mapa de Palmares, avaliar as suas dimensões e dar a conhecer os números relativos à sua população, o ensaísta português, no mesmo diapasão grandiloquente em que havia iniciado a sua narrativa, conclui:

> Caiu a república, destruída pelas armas portuguesas, mas caiu epicamente como uma Troia de negros voltados à vida bárbara. (...) O Zambi com os rotos destroços do seu exército precipitou-se do alto de um penhasco, e os cadáveres dos heróis vieram rolando despedaçados cair aos pés dos portugueses vitoriosos. Os prisioneiros, voltados à condição miseranda, suicidavam-se, trucidavam os filhos e as mulheres. E quando lhes retiraram todos os meios de se matarem, deixaram se acabar à fome.
> A Troia dos negros foi arrasada, mas a memória dos seus heróis ficou e ficará como um nobre protesto da liberdade humana contra a dura fatalidade da natureza, cujas ordens impuseram à exploração da América a condição do trabalho escravo.[68]

O grandioso arremate de Oliveira Martins, que pinta o quilombo como um "nobre protesto da liberdade humana", põe

---

67 Idem, ibidem, p. 65.
68 Idem, ibidem, pp. 65-6.

termo à série de escritos sobre Palmares e Zumbi publicados – em histórias gerais, narrativas de viagem, revistas de institutos, manuais didáticos e em livros jurídicos e ensaísticos – ao longo do século XIX. Trata-se, como se pôde acompanhar, de uma série, em larga medida pobre e repetitiva, uma série produzida por uma sociedade que pouca, muito pouca atenção dispensou ao maior levante de escravos negros da colônia, acontecimento que merecera da sociedade dos séculos XVII e XVIII uma atenção bem mais substantiva.

As razões de tamanho descaso o leitor também já pôde conhecer no início deste capítulo. Os homens de letras do Oitocentos, interessados em lançar as bases de uma cultura que pudesse se autodenominar brasileira, não viram com bons olhos a presença de uma revolta escrava e de um guerreiro negro entre os mitos fundadores da nacionalidade. É, por certo, uma percepção de tal gênero que leva o pioneiro Varnhagen a dispensar uns poucos parágrafos ao quilombo e a ressaltar aí o herói paulista Domingos Jorge Velho, o homem que exterminou Palmares.

Os livros didáticos de Macedo e Maia – não obstante o caráter mais heroico dos seus Zumbis –, livros importantes, dirigidos aos privilegiados alunos de um colégio encarregado de educar a elite política e cultural do Império, o Pedro II, também dedicaram pouca atenção ao tema e também o fizeram para destacar a mão forte do Estado português agindo contra uma incômoda revolta escrava, e o empenho do "paulista notável" Jorge Velho em pôr fim a tal cancro social. Em suma, ao longo do século XIX – um século marcado pelas discussões em torno do fim da escravidão e da libertação do largo contingente de escravos que compunha a sociedade brasileira –, Palmares e Zumbi ocuparam no repertório intelectual de grande parte dos brasileiros, ao menos daqueles indivíduos letrados que se empenhavam em construir uma cultura que se queria nacional e civilizada, um lugar diminuto: um incidente, sem dúvida preocupante para uma sociedade escravista, mas nada que o poder dos senhores de então, encarnado no herói paulista, não soubesse bem contornar.

O Zumbi
dos oprimidos

A primeira aparição de Zumbi de Palmares no Brasil republicano deu-se pelas mãos de um educador e correspondente do Instituto Histórico e Geográfico Brasileiro: o padre Rafael M. Galanti. O tomo três do seu *Compêndio de história do Brasil*, publicado entre 1896 e 1902, dirigido aos seus alunos dos colégios São Luís (Itu) e Anchieta (Nova Friburgo) e francamente crítico ao trabalho de Varnhagen, dedica mais de uma dezena de páginas a Palmares e a Zumbi. O estudo, vale destacar, é o mais extenso publicado ao longo do século XIX sobre o tema, extensão que, esclarece-nos o autor, tinha um propósito preciso: não deixar cair no esquecimento "uma das belas glórias dos dois grupos principais do Brasil colonial, quais incontestavelmente foram os pernambucanos e os paulistas".[69]

Galanti ampara toda a parte inicial de seu detalhado escrito no documento anônimo do século XVII *Relação das guerras feitas aos Palmares de Pernambuco*... Trata-se de uma longa paráfrase do texto seiscentista, texto que gozava, na visão do educador, do estatuto de uma "verdade plausível sobre o quilombo". Outras

---

69 Galanti, Rafael M. *Compêndio de história do Brasil*, p. 34.

"verdades plausíveis" são extraídas de Marcgrave, Rocha Pita, Brito Freire, Barléus, Loreto do Couto, Maia e de uma longa série de documentos publicados nas revistas dos institutos históricos, sobretudo de duas cartas régias de 1696 e 1698, que alteravam substantivamente o que até então se dizia ter ocorrido com o suposto líder de Palmares, Zumbi. A primeira missiva, dirigida ao governador e capitão-general de Pernambuco Caetano de Mello e Castro, dava conta do destino que teve o principal líder "de todas as inquietações e movimentos das guerras dos Palmares", o negro "Zombi". Revela a missiva que o cabeça do quilombo fora traído "por um mulato seu valido", que trocara a fidelidade aos seus irmãos revoltosos pela promessa, feita em nome do rei, de que seus muitos e graves crimes seriam perdoados. A segunda, endereçada ao capitão André Furtado de Mendonça, provedor da Fazenda Real de Pernambuco, trata de uma ajuda de custo de cinquenta mil réis "para se aprestar para a viagem e se restituir a essa capitania na consideração de concorrer na sua pessoa haver morto e cortado a cabeça ao negro Zombi intitulado Rei dos negros dos Palmares (...)".[70]

A partir dessa nova "verdade plausível" que as cartas régias, "documentos fidedignos", punham diante de seus olhos, o padre propunha algumas elucubrações. Receava Galanti haver na versão do suicídio de Zombi, tão repetida na cronística histórica do Setecentos e do Oitocentos, "mais poesia que realidade" e, baseado nos documentos que tinha diante de si, sentia-se obrigado a esclarecer ao seu leitor-aluno: "Consta,

---

[70] Idem, ibidem, pp. 44-5.

portanto, que o Zumbi não se suicidou atirando-se por um despenhadeiro, mas que, sendo entregue por um seu valido, teve a cabeça cortada". O padre arremata suas considerações fazendo justiça à primazia do seu colega de magistério Luís de Queirós Mattoso Maia, que "tinha afirmado, pouco mais ou menos, isto mesmo, citando uma carta do governador da Bahia em resposta a outra do de Pernambuco".

Dois anos depois de sair o último volume do manual de Galanti, veio a público, em agosto de 1905, nas páginas do *Diário da Bahia*, uma série de três artigos do maranhense Raimundo Nina Rodrigues, médico e estudioso da cultura africana, intitulada *A Troia negra. Erros e lacunas da história de Palmares*. Os ensaios haviam sido publicados discretamente, em 1904, na *Revista do Instituto Arqueológico e Geográfico Pernambucano* e, em razão do seu excelente acolhimento, voltariam a aparecer, em forma de capítulo único, na edição de 1933 do estudo pioneiro de Nina Rodrigues *Os africanos no Brasil*.

O estudo do maranhense, não obstante as novidades trazidas pelos textos de Maia e Galanti, de fato inaugurou uma nova era na construção de Palmares e de seu líder Zumbi pela sociedade brasileira. É certo que Nina Rodrigues escrevera sua análise depois de libertos os escravos, de descartado o Império, de iniciada a imigração sistemática de europeus para o país e, sobretudo, depois do crescimento da percepção de que o "avanço da civilização", que tanto custava a vir para o "gigante dos trópicos", exigia uma avaliação mais apurada do papel que tiveram, tinham e viriam a ter os negros na sociedade local. O século XIX não parece ter se inquietado com tal questão. A sociedade brasileira então concebida pelos letrados do país, movida pelos ideais de civilização e progresso, não se preocupou em demasia com um problema que não lhes parecia tão grave; afinal, o avanço da ocidentalização e o branqueamento gradativo mas inevitável da população do país cuidaria "naturalmente" de sanar tal problema. A certeza era tanta que, como o leitor pôde acompanhar no capítulo anterior, a maioria dos homens de letras do Oitocentos nem mesmo se preocupou em encontrar um lugar para os negros nos mitos fundadores da nação.

O médico Nina Rodrigues pertence já, apesar das poucas duas décadas que separam a sua *Troia negra* daquela cunhada por Oliveira Martins, a um outro tempo, em que era urgente pensar que lugar os negros ocuparam e deveriam ocupar na sociedade brasileira e, ainda, qual a sua "parcela de culpa" no retardo do avanço da civilização e do progresso entre os brasileiros.

Gilberto Freyre, décadas mais tarde, em 1947, lançando um olhar sobre esse período, escreveu a propósito do romance *Canaã*, de Graça Aranha, que havia no Brasil de então, como contraponto a um discurso oficial de um otimismo irritante, "uma espécie de pessimismo russo entre vários dos escritores, dos advogados e dos estudantes mais livres nas suas ideias". Tal sentimento, explica Freyre, derivado de um profundo "complexo de colonialismo", fazia com que muitos brasileiros nascessem e crescessem "desalentados com o Brasil e nostálgicos de uma Europa quase mística".[71]

---

71 Freyre, Gilberto. *Interpretação do Brasil*, pp. 202-3.

É a esse "pessimismo russo" que, de certo modo, pertencem Nina Rodrigues e sua *Troia negra*. Mas o que há de novo, afinal, em sua análise? De saída, é preciso sublinhar que o ensaio do maranhense é o mais consistente e detalhado escrito sobre Palmares e Zumbi composto até aquela data. Nina Rodrigues promove um rigoroso mapeamento de tudo o que havia sido escrito sobre o quilombo, desde os relatórios das primeiras expedições enviadas contra Palmares aos livros didáticos que dele se ocuparam no final do século XIX.

A sua meta é cotejar diferentes cronistas de época e analistas posteriores em busca da "verdade menos discutível" acerca daquilo que qualifica como a maior ameaça à civilização que se tentava implantar nos trópicos. Dentre os muitos aspectos que destaca das ocorrências da serra da Barriga, este – a ameaça à civilização – é especialmente caro ao médico maranhense: "O serviço relevante prestado pelas armas portuguesas e coloniais, destruindo de uma vez a maior das ameaças à civilização do futuro povo brasileiro, nesse novo Haiti, refratário ao progresso e inacessível à civilização, que Palmares vitorioso teria plantado no coração do Brasil".[72]

Imbuído da crença de que os comportamentos humanos devem ser interrogados de um ponto de vista estritamente "científico", uma das primeiras preocupações de Nina Rodrigues reside em datar com precisão os eventos que marcam as três distintas etapas da história palmarina: "Palmares holandês, destruído em 1644 por Baro; Palmares da restauração pernambucana,

---

[72] Nina Rodrigues, Raimundo. *Os africanos no Brasil*, p. 78.

destruído pela expedição de dom Pedro de Almeida; Palmares terminal, definitivamente aniquilado em 1697".[73] Mais adiante, como muitos de seus antecessores, Nina Rodrigues contesta os exageros de Rocha Pita, sobretudo no que concerne à tão propalada suntuosidade do palácio de Zumbi. O pioneiro das interpretações culturalistas insiste no fato de ter havido na organização de Palmares uma significativa influência da cultura europeia, uma vez que, "atestam as evidências", havia "não negros" imiscuídos na sua população; o Estado que ali se constituiu, no entanto, era, segundo Nina Rodrigues, tipicamente africano e "inculto: os negros de Palmares se organizaram em um Estado em tudo equivalente aos que atualmente se encontram por toda a África ainda inculta (...). Palmares não é um caso especial e sem exemplo na história dos povos negros".[74]

Daí por diante, Nina Rodrigues apresenta ao leitor um longo e exaustivo balanço da documentação de época e das análises que dela se valeram. Do relato do batavo Blaer aos manuais didáticos de Maia e Galanti, o estudioso maranhense organiza os escritos coetâneos e interpretações posteriores de modo a passar em revista todos os aspectos que lhe interessavam para contar o que acreditava ser a *verdadeira* história de Palmares. Desse seu extenso balanço seletivo e corretivo, três aspectos são especialmente dignos de nota.

Em primeiro lugar, o destaque que concede à nova versão da morte de Zumbi. Tomando por base a segunda edição do

---

73 Idem, ibidem, p. 72.
74 Idem, ibidem, p. 77.

manual de Maia, Nina Rodrigues corrige a versão do suicídio do guerreiro negro e, em seu lugar, estabelece a definitiva versão da morte em combate. Em segundo lugar, a análise pioneira que promove do papel que desempenharam os elementos das culturas de matriz banto – subtronco linguístico presente em mais de dois terços da porção centro-sul do continente africano – na coesão e organização interna do quilombo e na conduta de suas lideranças. Explica Nina Rodrigues que os avanços militares e econômicos de Palmares em nada excederam "a capacidade dos povos bantos. Antes se pode afirmar que francamente voltaram os palmarinos à barbaria africana".[75]

Em terceiro lugar, a também pioneira discussão que estabelece em torno da grafia e do significado do termo Zumbi ou Zambi. Depois de inventariar as diversas aparições do termo na bibliografia, Nina Rodrigues conclui que este deriva da cultura banto, de onde provinham muitos dos palmarinos, e que, "como é notório, é a palavra com que os povos bantos nomeiam a sua principal divindade". Daí, salienta, os documentos de missionários relatarem que os pretos de Palmares chamavam o Deus cristão de "Zambi dos brancos".[76]

Nina Rodrigues, vê-se logo, distingue-se dos seus antecessores pelo extremo rigor com que organiza a documentação, pelo empenho em reunir o maior número possível de testemunhos do ocorrido, pelo pioneirismo em pensar as heranças culturais africanas presentes no quilombo e pelo esforço que

---

75 Idem, ibidem, p. 93.

76 Idem, ibidem, p. 90.

faz para assinalar a ameaça que Palmares representava para o avanço da civilização nos trópicos. A grande novidade do seu ensaio, no entanto, é mais evidente e prosaica: o maranhense fez de Palmares um problema a ser discutido pelos estudiosos brasileiros, uma questão importante para entender o papel do negro na sociedade de então e o porquê da incapacidade de tal sociedade em avançar rumo à dita civilização.

A partir de Nina Rodrigues as menções a Palmares e a Zumbi nos escritos da inteligência nacional não pararam de aumentar, de se tornarem mais detalhadas e, sobretudo, de apresentarem variações mais acentuadas no que tange aos modos de construir o quilombo e seu líder. Já em 1907, Capistrano de Abreu, ao redigir *Capítulos de história colonial*, livro que se tornaria um marco da historiografia brasileira, sentiu-se obrigado, mesmo que comedidamente, a mencionar Palmares ao menos uma vez. A referência, todavia, ocorre em meio à descrição do enorme papel das "entradas" paulistas para o avanço da civilização sertão adentro, avanço que tinha o quilombo como um de seus empecilhos. Destaca Abreu que "Domingos Jorge Velho auxiliou a debelação dos Palmares", um mocambo de negros localizado nos sertões de Pernambuco e Alagoas, que, desde o tempo dos holandeses, "zombara de numerosas e repetidas tropas contra ele mandadas"[77].

O tom em relação ao quilombo e a seu líder começa a mudar ligeiramente com a obra do alagoano Alfredo L. Brandão. O médico e historiador diletante deixou pelo menos três

---

77 Abreu, João Capistrano de. *Capítulos de história colonial (1500-1800)*, p. 187.

escritos em que menciona as ocorrências de Palmares: *Viçosa de Alagoas*, livro editado em Recife, em 1914, "Os negros na história de Alagoas", artigo publicado em 1935 no periódico *Estudos Afro-Brasileiros*, e "Documentos antigos sobre a guerra dos negros palmarinos", texto incluído na coletânea O *negro no Brasil*, de 1940. A brochura de 1914 é bastante ilustrativa do que aqui interessa.

Viçosa de Alagoas, é preciso destacar, não se ocupa propriamente de Palmares. A meta de Brandão ao redigir a obra, como anuncia em pequeno texto introdutório denominado "Duas palavras", era "desfazer as trevas que envolviam o passado do seu torrão natal" e comprovar que o município de Viçosa ocupava o lugar que servira de "grandioso cenário onde se desenrolou o drama sanguinolento dos Palmares"[78]. Mais adiante, o viçosense retorna ao problema e explica novamente que seu intuito não era, nem de longe, "historiar a guerra dos Palmares", mas tão somente mapear os lugares do atual município da Viçosa que fez as vezes de cenário para a luta palmarina e honrar a "história de Alagoas, a história de Pernambuco, a história do Brasil, enfim, a história do universo (...)".[79]

Brandão, todavia, na sua caminhada rumo à exaltação da Viçosa natal, tece algumas considerações sobre Palmares e Zumbi que agradaram àqueles que, um pouco mais tarde, nas décadas de 40 e 50 do século XX, pintaram o quilombo e Zumbi com cores revolucionárias. O Zumbi de Brandão não é ainda, nem de longe, um herói da raça negra. É, sim, um líder ousado

---

78 Brandão, Alfredo L. *Viçosa de Alagoas*, p. 1.
79 Idem, ibidem, p. 34.

e orgulhoso, que não sujeitou seus comandados a um acordo de paz "humilhante" celebrado pelo rei Ganga Zumba com os representantes da metrópole e que tratou de continuar "por sua conta a resistência aos brancos". Quanto a Palmares, se não é ainda o berço da luta contra a opressão, não é tampouco o foco de barbárie que deveria ser eliminado pela força paulista. O Palmares de Brandão é uma reminiscência quase poética, é a lembrança de um lugar mítico onde floresceu – talvez pela primeira vez no Brasil – o nobre ideal de liberdade:

> As flores rosadas da sapucaia, como uma alfombra de pétalas, terão coberto, talvez, a ossada insepulta do vencido.
> Agora o lavrador ao cavar a terra nem sequer suspeita que ela foi ensopada em sangue e lágrimas.
> Já nada mais relembra a agonia da raça desgraçada que, muito cedo ainda, havia sonhado com os albores da redenção.[80]

Em 1925, um companheiro de Brandão, Jaime de Altavilla – pseudônimo de Amphilóphilo de Oliveira Mello –, um político, escritor, advogado e historiador "domingueiro", que participara ativamente dos esforços do instituto histórico de seu Estado na reabilitação da história de Palmares, publica o primeiro romance histórico sobre o tema de que se tem notícia, *O quilombo de Palmares*. Modesto no tamanho e nas ambições, escrito em linguagem demasiado rebuscada e grandiloquente para cair no gosto popular e com pouco apelo à verossimi-

---

80 Idem, ibidem, p. 37.

lhança, o romance de Altavilla investe na reconstituição do cotidiano palmarino, sobretudo do cotidiano, o amoroso inclusive, de seu líder maior, Zumbi. A obra não traz novidades, nem interpretativas, nem documentais; se há algo que distingue a construção de Altavilla é o seu tom melodramático. A título de ilustração, vale a pena o leitor acompanhar um pequeno trecho do capítulo "A cabeça de Zumbi":

> Por entre os rolos de fumo dos mocambos incendiados, os soldados davam termo à carnificina, mosqueteando ou espadejando os últimos defensores da República Negra. O solo estava forrado de cadáveres mutilados. À proporção que os exterminadores penetravam nas seis ordens da estacada, iam içando os negros mortos nas pontas dos mourões que encontravam, dando ao terreno conquistado a ideia de um jardim de suplícios, cujas flores negras eram os destroços humanos, dependurados, pingando em derredor um orvalho de sangue. Quando alguma palha queimada atingia a um mourão, ouvia-se o chiar da carne ao contato da labareda. Cabeças, fora do tronco, mostravam a máscara horripilante; braços ainda se crispavam sobre o solo, como em último cóntato com o inimigo, vísceras ainda palpitavam sobre os seixos. Os tacões das botas, por ali passando, iam, caminho afora, imprimindo, no terreno argiloso, sua impressão sanguinolenta.[81]

Eis uma pitada dos muitos excessos de Altavilla, cujo livro angariou mais críticos do que admiradores.

---

81 Altavilla, Jaime de. *O quilombo dos Palmares*, p. 89.

Retornemos, porém, ao despretensioso *Viçosa de Alagoas*. A vereda aberta por Brandão, que gradativamente, com apoio do seu instituto histórico, dignificou o quilombo e deu à luta dos palmarinos ares de uma luta pela liberdade contra a opressão e a selvageria lusitana, cedo ganhou uma coloração "marxista", e Palmares emergiu como um gritante exemplo daquilo que move os humanos sobre a terra segundo os discípulos de Karl Marx: a luta de classes. O expoente pioneiro desse modo de construir o quilombo foi Astrojildo Pereira, empenhado secretário do Partido Comunista (PCB), que, em 1º de maio de 1929, publicou, nas páginas do jornal *A Classe Operária*, um artigo em que afirmava, sobre a luta entre os colonos e os negros rebelados, o seguinte:

> O perigo aborígine estava conjurado, a propriedade dos latifúndios estava consolidada, a aristocracia rural organizava a grande exploração da terra na base do braço escravo importado. Ora, a opressão gera luta, inevitavelmente. Os negros lutaram. Luta, aqui também, cruel, feroz, obstinada e secular. Variando de meios, de processos, de armas, ela durou desde a chegada às terras brasileiras da primeira leva de escravos até 1888. Autêntica luta de classes que encheu séculos de nossa história, e teve seu episódio culminante de heroísmo e grandeza na organização da República dos Palmares, tendo à sua frente a figura épica de Zumbi, o nosso Spartacus negro.[82]

---

82 Astrojildo Pereira *apud* Alves Filho, Ivan. *Memorial dos Palmares*, p. 181.

A década de 30 do século XX, contudo, não deu ouvidos a este Palmares de viés marxista proposto por Pereira no seu, um pouco mais tarde, cultuado artigo. O autointitulado "bibliotecário, arquivista e escritor" português Ernesto Ennes, por exemplo, que publicou, em 1938, o conhecido *A guerra nos Palmares*, seguiu a linhagem dos institutos históricos e procurou "garimpar" nos arquivos portugueses o maior número possível de documentos sobre o ainda desconhecido acontecimento da história da escravidão brasileira. Ao apresentar o seu livro ao leitor, Ennes explica que os arquivos e bibliotecas de Portugal estavam repletos de documentos relativos à história do Brasil ainda desconhecidos: "Contam-se por milhares, para não dizer milhões; são códices e códices, documentos e documentos, cartas, ofícios, memórias, descrições, mapas, plantas, desenhos etc.". Diante de tal quadro, o arquivista dispusera-se a reunir e divulgar o "maior número possível destes documentos", optando por iniciar os seus trabalhos pelos papéis relativos a Palmares, em razão de ser esta "uma das questões mais mal estudadas e, até, desconhecida de eruditos e investigadores" da história brasileira.[83]

Antes, porém, de dar a conhecer o que encontrara sobre o quilombo em meio a tão amplo universo de papéis, Ennes resolveu promover um balanço do que até então havia sido escrito sobre Palmares, cotejando tais escritos com as novas verdades trazidas pelos documentos oficiais que encontrara: "Como não podia deixar de ser, precedemos a publicação desses

---

83 Ennes, Ernesto. *As guerras nos Palmares: subsídios para a sua história*, pp. 13-4.

documentos de umas ligeiras considerações acerca da maneira como a maioria dos autores tem interpretado e descrito os fatos, e como, na realidade, em face dos documentos oficiais, eles se passaram (...)".[84]

Ao concluir o seu longo e corretivo balanço, no entanto, Ennes, malgrado o sem-número de documentos que arrola em prol do "definitivo esclarecimento" da história do quilombo, não destoa muito da longa tradição que se firmara no Brasil no que tange à construção de Palmares na cultura local. O arquivista concebe Palmares como um núcleo de selvageria no mundo civilizado que a metrópole, pouco a pouco, tentava implantar na colônia. A aniquilação dos quilombolas foi, pois, uma etapa necessária de tal implantação, aniquilação promovida pelo braço civilizador da sociedade tropical: colonos portugueses e representantes dos "notáveis" paulistas:

> Foi com homens desta brava energia, desta violenta audácia, portugueses e paulistas, estes nascidos daqueles, consubstanciando todo o valor da raça, com todas as suas virtudes e qualidades, mas sempre os mesmos, que no século de quinhentos, na proa das naus, no alto das enxárcias, no cimo das vergas, se aventuravam aos mistérios tenebrosos dos oceanos; que no século XVII, souberam devassar densas florestas, largos rios, cerrados bosques, ásperas serras e mares profundos; que pelas quebradas dos montes, pelos leitos dos rios e pelo imprevisto do sertão conseguiram vencer, extinguir, aniquilar e avassalar ninhos de feras homens e bichos,

---

84 Idem, ibidem, p. 15.

negros e pardos, que constituíram e habitaram este vasto continente americano, orgulho de portugueses e paulistas de hoje, de ontem e de amanhã, diga-se o que se disser, pense-se o que se pensar.[85]

Pouco depois do livro de Ennes, que posteriormente seria muitíssimo celebrado pelos documentos que dera a conhecer, o médico, antropólogo e educador Arthur Ramos, um dos mais importantes estudiosos da cultura negra no Brasil de então, publicou, em língua inglesa, O negro na civilização brasileira (1939), ao longo do qual, por diversas vezes, comenta o episódio de Palmares. Ramos, ele também, promove uma recapitulação do que havia sido escrito sobre o quilombo. Todavia, diferentemente de seus antecessores, o estudioso do contributo negro para a sociedade brasileira não está propriamente interessado em ressaltar o quão nocivo ao avanço da civilização havia sido a existência de Palmares. Ao contrário, Ramos opta por exaltar as potencialidades civilizatórias do "negro brasileiro":

> Os usos e costumes dos quilombos dos Palmares copiavam as organizações africanas de origem banto, mas com as modificações introduzidas com os hábitos aprendidos no Novo Mundo. Infelizmente não se conseguiu fazer um estudo detalhado da organização dos Palmares. Apenas conseguimos algumas informações, através do relato dos cronistas e dos expedicionários da época.
> Mas foi realmente um Estado negro, que os escravos brasileiros organizaram no século XVII, onde se evidenciaram as capacidades

---

85 Idem, ibidem, pp. 129-30.

> de liderança, de administração, de tática militar, de espírito associativo, de organização econômica, de constituição legislativa... do negro brasileiro.
>
> Palmares permanecerá sempre como um monumento à habilidade inata do negro brasileiro em criar por ele mesmo, sem auxílios ou influências externas, os fatores essenciais a uma ordem social. É um caso curioso e instrutivo de fusão da experiência e dos elementos africanos com as imposições do novo meio na formação de um Estado em miniatura, manifestando todos os atributos de uma comunidade civilizada.[86]

Distante se está aqui dos *negros bárbaros* amotinados, que impediam o avançar da civilização e ameaçavam a ordem colonial; distantes, também, das construções pré-marxistas, anticoloniais e, de certo modo, regionalistas de seu conterrâneo Alfredo Brandão. Ramos, afastando-se dos seus antecessores, ressalta as virtudes civilizacionais do negro aclimatado no Brasil, que, a seu ver, não era racialmente limitado – ainda que, como sustentara em *O negro brasileiro* (1934), pertencesse às "franjas da sociedade civilizada" e necessitasse do urgente auxílio da educação formal para integrar-se plenamente à sociedade brasileira. Dentro dessa "comunidade civilizada" que se formou em Palmares, ponto alto da análise de Ramos, a figura de Zumbi ou Zambi ganha pouco relevo, na verdade, um elogio breve, retirado do muitíssimo citado *Relação das guerras...*: "Negro de singular valor, grande ânimo e constância rara".

---

86 Ramos, Arthur. *O negro na civilização brasileira*, pp. 75-6.

A "tradição civilizatória", entretanto, aquela a que pertencia Varnhagen, Macedo, Nina Rodrigues, Galanti, Capistrano de Abreu, Ennes e uns tantos outros, perdurou. Passada a metade da década de 1940, nomeadamente em 1946, o historiador e incansável esquadrinhador dos arquivos paulistas Afonso d'Escragnolle Taunay lança, pela Imprensa Oficial do Estado de São Paulo, o tomo oitavo de seu monumental *História geral das bandeiras paulistas*, onde se dedica longamente a uma "análise minudente da documentação" relativa ao quilombo de Palmares. Mas que o leitor não incorra em equívocos. Taunay está preocupado em contar a história dos quilombolas de Alagoas somente na medida em que essa história envolve a figura do bravo agente da civilização paulista, o bandeirante Domingos Jorge Velho, e os seus companheiros, "homens como ele, pertencentes àquela gente, insaciável devoradora de léguas e incorrigivelmente nômade".[87]

Os passos de Taunay no sentido de melhor situar mais esse contributo do bandeirante – a destruição de Palmares – para a constituição do que viria a ser o Brasil são conhecidos. Depois de breve introdução ao cativeiro de negros na América portuguesa e uma descrição dos crescentes levantes suscitados pelo aumento de sua presença, Taunay passa em revista a documentação e a bibliografia disponível sobre o quilombo de Palmares, de Blaer a Alfredo Brandão, lançando mão de uma narrativa que mescla a descrição cronológica das variadas investidas portuguesas contra os revoltosos com uma série de comentários

---

87 Taunay, Afonso d'Escragnolle. *História geral das bandeiras paulistas*, p. 234, v. 6.

sobre os estudos dedicados ao tema; nada, porém, que traga uma novidade à construção de Palmares e de seu líder Zumbi no repertório intelectual do brasileiro.

A novidade viria poucos meses depois, mas da obra de um historiador baiano, dedicado ao estudo da cultura negra, o bacharel em direito Edison Carneiro. Em *O quilombo dos Palmares*, livro publicado no México em 1946 e no Brasil em 1947, ele constrói um Palmares e um Zumbi renovados e com traços que seriam repetidos por um sem-número de escritos posteriores. Carneiro, ainda que na esteira das sugestões de Alfredo Brandão e Astrojildo Pereira, é um dos pioneiros na construção de Palmares como um dos mais importantes núcleos de "resistência negra à escravidão no Brasil" e de Zumbi como um herói negro, uma encarnação da luta pela liberdade.

A sua ânsia de inovação é clara. Tratava-se de expurgar aqueles equívocos legados por uma historiografia "pouco comprometida com a verdade dos fatos", facilmente conduzida pelos apelos da colorida "fantasia" de Sebastião da Rocha Pita, francamente favorável ao heroísmo paulista e patrona da ideia de uma suposta marcha inexorável da civilização ocidental; tratava-se também, e sobretudo, de restituir a grandeza do quilombo e de seu líder. Palmares, segundo ele, "ficou envolvido em sombra e em silêncio durante três séculos", e seu livro era uma tentativa de "rasgar o véu da fantasia, espantar a sombra e o silêncio e trazer novamente à vida esse Estado negro, esse exemplo de resistência sem paralelo no Brasil".[88]

---

88 Carneiro, Edison, op. cit., p. 44.

Restituir o que o autor supõe ser "a verdade dos fatos" era ressaltar o caráter revolucionário que aquele ajuntamento de negros rebelados tinha no interior da ordem escravocrata; era, também, salientar o quão lendário se tornara esse acontecimento para o povo brasileiro, malgrado a má vontade dos homens de letras com aquilo que julgavam ser – homens das classes abastadas e culturalmente brancos que eram – uma ameaça à sociedade constituída e um empecilho ao avanço da civilização:

> Os Palmares constituíram-se no "inimigo de portas adentro" (...). O quilombo era um constante chamamento, um estímulo, uma bandeira para os negros escravos das vizinhanças – um constante apelo à rebelião, à fuga para o mato, à luta pela liberdade. As guerras nos Palmares e as façanhas dos quilombolas assumiram caráter de lenda, alguma coisa que ultrapassava os limites da força e do engenho humanos. Os negros de fora do quilombo consideravam "imortal" o chefe Zumbi – a flama da resistência contra as incursões dos brancos.[89]

Era, ainda, edificar uma imagem heroica de Zumbi, descartando a difundida história do suicídio do líder, e, paralelamente, "desconstruir" a imagem do suposto bravo guerreiro paulista, o outrora "valoroso" Domingos Jorge Velho:

> Este é o Zumbi da História. Não o que se atirou do rochedo, num grande gesto teatral, mas o que continuou vivo, reagrupando os seus homens, organizando novamente as forças de resistência do

---

89 Idem, ibidem, pp. 33-4.

quilombo – a mais prolongada tentativa de autogoverno dos povos negros do Brasil (...).
Não cabe a Domingos Jorge Velho a glória – se alguma houve – de haver reduzido Macaco. (...) O Mestre de Campo, ante o "grande poder do inimigo", não sabia que fazer. (...) Durante os dois assaltos de janeiro contra a "cerca" do Zumbi, somente alagoanos e pernambucanos atiraram-se contra as fortificações (...).[90]

Era, por fim, salientar os interesses econômicos subjacentes ao combate dos quilombolas. E não somente aqueles interesses diretamente derivados da ameaça que o quilombo constituía à escravidão e, consequentemente, a toda a vida produtiva da colônia, mas também interesses econômicos de outra natureza, interesses que motivaram reiteradas rusgas entre paulistas e autoridades coloniais: a posse das terras até ali habitadas pelos quilombolas, nomeadamente o "paralelogramo de terras" que foi reivindicado por Jorge Velho e seus comandados como paga por "esmagar" o quilombo – "os andejos e inquietos bandeirantes finalmente se detinham".

O bandeirante paulista, apequenado pelo mesquinho interesse econômico, passou, na narrativa de Carneiro, a desempenhar o papel não de um bravo civilizador, mas de um vilão sem bravura, movido por razões inconfessáveis e corrompido moralmente, um contraexemplo que mais não faz do que ressaltar o brilho de Zumbi e a grandeza dos seus ideais, dos ideais revolucionários que Palmares e seu líder representavam.

90 Idem, ibidem, pp. 41-2.

A história da construção de Zumbi pela cultura brasileira não corre, porém, em linha reta. Cerca de uma década mais tarde, em 1954, era publicado *Reino negro de Palmares*, livro escrito por um oficial do Exército brasileiro, o mineiro Mário Martins de Freitas. O texto de Martins, o primeiro inteiramente dedicado ao tema depois de uma década, coloca em cena uma construção interpretativa de Palmares e de Zumbi fortemente marcada pelos determinismos racial e geográfico – já bastante desacreditados no meio intelectual de então, mas ainda pungentes nos meios militares, de onde provinha o autor. Tratava-se de demonstrar, de saída, que a maioria dos homens instalados em Palmares eram provenientes da "triste terra africana", uma terra desamparada pelo criador:

> Dir-se-ia que Deus, depois de sua grandiosa criação do mundo e da distribuição das diversas raças e dos seus elementos pelos continentes, reservou para a África a borra que restou no fundo de sua retorta divina e de envolta com ela todas as manifestações de tristeza e fealdade, de angústia e de desesperos, manifestações estas destinadas a transformar o homem no físico e no espírito e torná-lo inferior através de milênios no desdobrar paciente de todas as eras![91]

Tratava-se de demonstrar, igualmente, que os seres daí provenientes estavam envoltos em trevas e viviam em estado de barbárie, afinal, segundo Martins, todo o "continente negro era

---

91 Freitas, Mário Martins de. *Reino negro de Palmares*, p. 17.

negro, pavorosamente negro!". Lá, o meio físico era inóspito e insalubre, os animais eram ferozes e os homens, bárbaros. Era, em suma, um lugar decadente, "habitado por seres degradados pela involução".[92]

Estabelecidas as determinações do meio e da raça, Martins debruça-se sobre a escravidão. O caminho que percorre aí é linear e conhecido: remonta às suas origens no direito romano, busca fundamentar legalmente o cativeiro de africanos, descreve os métodos de captura do escravo no continente negro, avalia o próspero e "por vezes" desumano tráfico de viventes, analisa as possíveis "raças" que desembarcaram em portos brasileiros, historia a introdução e o cotidiano da mão de obra africana no Brasil e, por fim, antes de adentrar por Palmares, dá a conhecer um pouco sobre a vida do negro em Pernambuco durante a invasão holandesa e sobre o sem-número de revoltas suscitadas pela tensa relação entre senhores e escravos. Ao longo de tal percurso, o militar mineiro não cansa de salientar que tinha diante de si a história do violento e desumano domínio de uma "raça superior" sobre outra, notavelmente "inferior". É dos excessos decorrentes dessa desnivelada mas, aos seus olhos, justificável relação que decorrem as explosões de revolta, como a de Palmares.

Palmares encaixa-se, pois, segundo o militar, nessas explosões de revolta "contra o cativeiro ignominioso" de africanos. A partir daí, o seu quilombo reproduz palmo a palmo aquele que vinha sendo construído pela historiografia precedente:

---

92 Idem, ibidem, p. 35.

os documentos consultados são os mesmos, os episódios destacados não variam e a sequência da narrativa é a conhecida. Novidade há somente uma – o seu Palmares é mais grandioso, mais heroico e, apesar de ser obra de uma "raça menos evoluída", digno de ser perpetuado pela história da nação brasileira:

> Poetas e cantores, historiadores e cronistas, em obras esparsas, em artigos de jornais, em citações de livros e revistas, têm cantado e consagrado a lenda do Zambi como o mais sublime dos protestos da raça negra contra a escravidão ignominiosa dos africanos. É uma página de incomparável sacrifício que precisa ser cristalizada no tempo e não destruída, não diminuída, mesmo em se pensando que a raça negra no Brasil está em vias de desaparecimento pelo cruzamento com a raça branca e outros fatores etnológicos e naturais.[93]

Naquilo que toca ao líder Zumbi, Martins não é menos grandiloquente e, ainda que lance a possibilidade de existência de pelo menos dois Zumbis – um suicida e outro morto em combate –, ideia estranha aos construtores do "Zumbi bravo e lutador", dá ao líder, ou líderes, contornos de um verdadeiro herói da raça negra: "Heroico, resoluto e sublime (...), adorado por homens e mulheres, imponente e circunspecto, Zambi se impõe e jura aos seus deuses não ensarilhar as armas da liberdade e terçá-las em defesa da raça negra!".[94] Mais adiante,

---

93 Idem, ibidem, pp. 417-8.
94 Idem, ibidem, p. 254.

ao descrever a destruição do quilombo, arremata: "Foi-se o último Zumbi, mas ficou um poema na história colonial para ser cantado pelos descendentes da raça negra brava e valorosa dos jagas!".[95]

À direita e à esquerda estava, pois, consolidada a imagem heroica de Zumbi. O líder de Palmares havia sido solidamente incorporado ao panteão dos grandes homens nacionais, lugar de onde nem mesmo a ditadura militar (1964-1985) ousaria retirá-lo. As décadas que se seguiram, no entanto, viram prosperar com muito mais desenvoltura a perspectiva, digamos, "à esquerda" de Zumbi, aquela que se esforçou por construir o líder negro como um herói da classe oprimida e por dar a Palmares aparência de luta revolucionária.

Em 1956, dois anos depois de publicado o anacrônico livro de Martins, vem a público, nas páginas da revista paulista *Anhembi*, um dos primeiros títulos pertencentes a essa próspera linhagem: "Que foi o quilombo de Palmares?", do escritor surrealista e comunista Benjamin Péret. O opúsculo do francês, apesar de sua literatice e de ter sido, a seu tempo, acusado de não passar de uma cópia do livro de Edison Carneiro, teve uma repercussão razoável entre os estudiosos do tema.

Antes de iniciar a sua rebuscada síntese do livro de Carneiro, Péret gasta duas páginas do seu escrito traçando considerações sobre o "ideal de liberdade". Eis uma breve amostra de seu estilo: "De todos os sentimentos que fervilham no coração do homem, o anseio de liberdade é, certamente, um dos mais

---

95 Idem, ibidem, p. 377.

imperiosos e a sua satisfação é uma das condições essenciais da existência".[96] Um pouco mais adiante, ainda inserido nesse libelo em prol da liberdade dos homens, o surrealista mostra mais claramente a que veio:

> A adjuração de Danton "audácia, audácia, audácia sempre!" está longe de ter perdido a atualidade. Com efeito, a única culpa do homem tem sido a pusilanimidade. Nunca será excessiva a sua sede de liberdade (...). Os negros do quilombo de Palmares não aspiravam senão a essa liberdade elementar sem a qual a existência humana já não tem sentido.[97]

Depois do pomposo preâmbulo, Péret adentra por Palmares, o Palmares de Carneiro e de uns outros tantos documentos, os quais, salienta o francês, foram deixados por homens saídos das fileiras da classe dominante. Daí a extrema dificuldade, justifica Péret, de extrair "a verdade" do grandioso acontecimento, e o seu empenho em levar ao extremo as possibilidades interpretativas dos poucos e tendenciosos documentos que tinha em mãos. As páginas finais do seu ensaio, aquelas em que se afasta da mera síntese do cultuado livro de Carneiro, concentram tais esforços. Aí, sempre lançando mão de forte dose de impressionismo, Péret coloca em questão a "excessiva estabilidade" que Rocha Pita, Nina Rodrigues, Carneiro e outros atribuíram à extensa vida de Palmares.

---

96 Péret, Benjamin. *Quilombo dos Palmares*, p. 81.
97 Idem, ibidem, pp. 82-3.

Tal característica interpretativa acarretou, segundo Péret, o aplainamento de aspectos que certamente variaram durante a existência do quilombo, tais como: o grau de centralização do Estado palmarino – "somos mesmo levados a crer que, até as primeiras expedições holandesas, nenhuma forma de Estado existia nos Palmares" –; o tipo de poder exercido pelo rei; a constância das relações comerciais entre quilombolas e colonos do entorno; e a presença de ritos católicos entre os quilombolas – "uma proporção muito pequena de cristianismo, mesmo popular, e uma dose considerável de feitiçaria".

O escritor prossegue a sua análise, melhor, o seu "ensaio de interpretação", avaliando criticamente a capacidade de liderança e organização militar do líder Zumbi e as características do "regime econômico" do quilombo, ponto acerca do qual o autor lamenta poder levantar apenas hipóteses ante o silêncio da documentação disponível. Uma dessas muitas hipóteses lançadas por Péret é a de que os negros de Palmares lavravam a terra coletivamente: "A necessidade de fazer face a um afluxo constante de fugitivos obrigava esses primeiros cultivadores a coletivizar os recursos do mocambo".[98]

Para arrematar, o comunista francês, bem ao gosto da linhagem teórica à qual pertence, destaca o caráter libertário da comunidade de insurgentes da serra da Barriga – "um apelo implícito à emancipação dos negros" –, mas salienta a precária consciência de classe dos quilombolas, o que os impedia de compreender a escravidão como uma agressão não somente

---

98 Idem, ibidem, p. 127.

a este ou aquele escravo, mas a toda a humanidade, a qual traz a liberdade na sua essência:

> Os negros recusavam-se ao cativeiro, fugiam dos tratamentos inumanos a que os senhores os submetiam, mas nunca pensaram em atacar o próprio sistema nem em exigir a sua abolição. Opunham-se a ele na medida em que eram suas vítimas, mas não importavam-se que outros continuassem submetidos. Numa palavra, da escravatura percebiam apenas as consequências individuais, mas nunca a noção de um interesse geral lhes aflorou o espírito. Em todo o caso, nenhum documento existe que permita supor o contrário.[99]

A suposta ausência de uma "consciência de classe" dos quilombolas, como anunciou Péret, não impediu, no entanto, que a construção à esquerda de Zumbi e de Palmares, construção que se tornará predominante a partir da década de 50 do século XX, prosseguisse no seu círculo virtuoso.

Pouquíssimo tempo depois das divagações do surrealista Péret, em 1959, outro comunista, Clóvis Moura, publica *Rebeliões da senzala: quilombos, insurreições, guerrilhas*. Antes de mais, é preciso salientar que o livro de Moura não é inteiramente dedicado ao quilombo, mas, sim, voltado para o estudo das rebeliões negras no Brasil. Em uma passagem do seu escrito, todo ele marcado pelas discussões em torno do vocabulário marxista aplicado à construção da história da escravidão no Brasil, o sociólogo

---

[99] Idem, ibidem, p. 134.

explica que os escravos sempre tinham participado das lutas de classe promovidas no país por outras camadas sociais: "Desde muito cedo os escravos participaram como aliados, e muitas vezes como elemento fundamental, nas lutas que essas camadas sociais levantaram durante nosso desenvolvimento histórico".[100]

Diante de tal constatação, Moura propõe-se a mapear os indícios de tão decisiva contribuição negra, a resistência dos cativos à opressão imposta pelo regime de exploração do trabalho que vigorou ao longo dos quatro séculos posteriores ao Descobrimento. Palmares, como se pode deduzir, é um dos episódios – um episódio grandioso e pioneiro, é verdade – da longa luta entre senhores e escravos no Brasil:

> Dos movimentos dos escravos contra a escravidão, Palmares é, por circunstâncias especiais, o mais conhecido e estudado. Foi o que mais tempo durou; o que ocupou – e ocupou de fato – maior área territorial e o que maior trabalho deu às autoridades para ser exterminado. De 1630 a 1695 os escravos palmarinos farão convergir sobre o seu reduto as atividades, os esforços e as diligências dos governantes da colônia. Da história do que foi a sua existência – 65 anos em constantes e sangrentas lutas – até o folclore nos dá notícias. E dos fatos passou à lenda.[101]

Acerca de Palmares propriamente dito, a construção de Moura não escapa ao padrão, sobretudo àquele inaugurado por

---

100 Moura, Clóvis. *Rebeliões da senzala: quilombos, insurreições, guerrilhas*, p. 50.
101 Idem, ibidem, p. 109.

Edison Carneiro: os documentos consultados são os usuais e a ordenação da narrativa em nada vai além daquilo que o leitor conheceu de maneira mais alongada quando da descrição da obra *Quilombo dos Palmares*. O quilombo de Moura é, também, o lugar da luta revolucionária pela liberdade dos cativos, e seu Zumbi, "um líder incontestável e herói de Palmares". Novidade na sua construção, se há alguma, é a maneira como o sociólogo narra o ocaso do quilombo, sugerindo ao seu leitor que este mais não era do que um episódio da constante luta do negro contra a opressão:

> O governador Caetano de Melo Menezes ordenou que sua cabeça fosse pendurada em um pau e exposta "no lugar mais público desta praça a satisfazer os ofendidos e justamente queixosos e atemorizar os negros que supersticiosamente julgavam esse imortal". Estava terminada a República de Palmares.
> No ano de 1697 havia trinta ex-escravos atuando no interior, como reminiscência do poderio do antigo reduto da serra da Barriga. Em 1704, na Serra Negra, apenas sessenta quilombolas de Palmares, com armas de fogo, enfrentaram o Capitão Mor Francisco Soares de Moura.[102]

Publicado meses depois do livro de Moura, o tomo primeiro, do segundo volume, da renomada *História geral da civilização brasileira*, organizada por Sérgio Buarque de Holanda, traz somente quatro páginas sobre Palmares, inseridas num capítulo

---

102 Idem, ibidem, p. 128.

dedicado à política e à administração na colônia. Pequena, igualmente, é a passagem que Hélio Viana, em 1962, dispensa ao tema em *História do Brasil*: umas três minguadas páginas, imersas num capítulo acerca do "sertanismo vicentino", movimento ao qual pertenceria o "grande Domingos Jorge Velho".

Em 1962, veio a público também o segundo romance dedicado ao episódio palmarino, *Ganga-Zumba*, do jornalista e escritor João Felício dos Santos. Ao contrário do romance de Altavilla, o escrito ficcional de Santos teve boa acolhida no meio da crítica e dos intelectuais de esquerda, servindo, inclusive, como ponto de partida e sustentação dos roteiros dos filmes *Ganga Zumba* e *Quilombo*, lançados respectivamente em 1964 e 1984, ambos dirigidos pelo cineasta alagoano Cacá Diegues.

Os tempos não eram mais os de Altavilla, e Zumbi estava já, definitivamente, incorporado ao senso comum do brasileiro como um herói nacional, um herói sobretudo daquela parcela do nacional que descendia de escravos ou que não encontrara grande acolhida no seio da mãe pátria.

O livro *Ganga-Zumba* é, em larga medida, uma versão romanceada e mais encarnada da construção heroica de Palmares e de Zumbi. A linguagem é tortuosa, repleta de africanismos e tenciona reproduzir uma suposta apropriação negra da língua portuguesa. O tom é exaltado, o estereótipo do erotismo africano é mais presente, mas as ideias e os documentos que sustentam a construção ficcional proposta pelo livro são bastante convencionais. Eis a descrição que Santos legou de Palmares, uma espécie de polo atrativo dos deserdados da colônia:

Até 1632 ou 1635, os guinés, inteligentes e anárquicos, não permitiram que o destino do quilombo estivesse entregue a um governo constituído: aquele mundo de léguas de agreste, sertão e matas era igualmente possessão de quem e de quantos necessitassem ocultar o escravizado corpo a algum senhor perverso como eram os senhores numa época em que o negro representava apenas uma peça comprada, sem qualquer outro sentido além do material.[103]

Para complementar, nada mais apropriado do que a descrição do seu Zumbi:

> Foi então que, no outeiro sagrado da liberdade, apareceu, como simples quilombola, um rei banto. O rei trazia o nome africano de Zambi e principiou por usurpar o poder dentro da mais crua violência. Logo mandou sacrificar os despreocupados guinés e fundou sua dinastia divinizada no sangue e na luta, só extinta no dia 7 de fevereiro de 1694, um domingo, com a morte um tanto lendária de seu sucessor, o fabuloso Zumbi. Zambi é nome próprio usado pela nobreza das nações iorubas, mas Zumbi escrito com "u" foi o atributo dado pelo povo palmarino a seu último e destemidíssimo régulo.[104]

Nada há aí de muito inovador, como se vê, nem aí nem no restante do romance histórico de Santos. *Ganga-Zumba* não passa de uma tentativa de dar carne, voz e cotidiano aos habitantes

---

103 Santos, João Felício dos. *Ganga-Zumba: a saga dos quilombolas de Palmares*, p. 8.
104 Idem, ibidem, pp. 8-9.

de um Palmares libertário – sítio que abrigava aqueles que se cansaram dos padecimentos da sociedade escravista – e, especialmente, ao seu valente líder, o Zumbi com "u". O romance, contudo, ainda que afinado com as modas da época no tocante à visão do quilombo, não logrou, salvo pela sua versão para o cinema, grande papel na construção de uma certa imagem do quilombo e do seu líder, que, àquela altura, como o leitor pôde ver, tinha já tomado uma direção precisa.

É somente em 1971 que vem a público mais um escrito realmente relevante sobre o tema, isto é, mais um escrito que ocupou um lugar de destaque no lento e variado processo de construção da imagem do quilombo na história do Brasil e no repertório intelectual do brasileiro: *Palmares: a guerra dos escravos*, do jornalista gaúcho Décio Freitas. Tido como uma das mais importantes abordagens do quilombo até aquela data, quiçá a mais importante, o livro de Freitas consolida, de uma vez por todas, a visão esquerdista e libertária do quilombo e de seu líder, visão que alimentaria a imagem contestatária de Zumbi revigorada pelos movimentos negros e que seria, ao fim e ao cabo, incorporada pelo senso comum nas últimas décadas do século XX, firmando-se como a atual "perspectiva verdadeira" de Zumbi.

O estudioso gaúcho, ao longo de quase duas centenas de páginas, monta, peça a peça, o representante maior de uma "categoria social" que pôs a nu as contradições do sistema de exploração da mão de obra escrava implantado na colônia lusitana:

Nenhuma categoria social lutou de forma mais veemente e consequente contra a escravidão que a dos próprios escravos. Nem por terem fracassado em seus esforços deixaram de condicionar em grau considerável o processo histórico brasileiro, em quase todos os seus aspectos mais importantes. No dia em que forem resgatadas da grande face oculta brasileira – face mais ampla e importante que a visível e oficial –, as revoltas escravas projetarão luz sobre um sem-número de contradições históricas que de outro modo sempre permanecerão incompreensíveis. Na história das revoltas escravas brasileiras, a de Palmares ocupa lugar ímpar. Não foi apenas a primeira, mas a de maior envergadura.[105]

Daí o seu Zumbi ter-se rapidamente convertido no herói de todo brasileiro supostamente oprimido, negro, branco ou mestiço.

Freitas inicia sua construção denunciando o caráter excludente e distorcido das perspectivas de Palmares legadas pela maior parte dos escritores que o antecederam, principalmente por aqueles escritores que promoviam uma "marginalização das revoltas escravas" ocorridas no Brasil – Varnhagen, Nina Rodrigues, Arthur Ramos e uns tantos outros. O objetivo de seu estudo, porém, não obstante a sua consciência da grandeza do acontecimento que tem diante de si, é modesto. Freitas, segundo revela na introdução, não tem a pretensão de escrever uma história de Palmares: "Tal história será mais entrevista que conhecida, numa visão panorâmica, lacunosa e fragmentária:

---

[105] Freitas, Décio. *Palmares: a guerra dos escravos*, p. 10.

por fortuna, não tanto que nos impeça de apreciar a sua importância histórica e sentir o seu poderoso sopro épico".[106]

O resultado de tão comedidas ambições está dividido em sete capítulos, praticamente desprovidos de notas, ao longo dos quais o autor, em prol da sua construção da tal "perspectiva verdadeira" do quilombo, lança mão de uma linguagem emocional, arrebatada e marcada por um tom messiânico. Nos capítulos iniciais, Freitas traça uma história do nascimento do sistema escravista brasileiro – "o mais sólido, recalcitrante e longevo das Américas" – e a esquadrinhar a sociedade que se formou na capitania de Pernambuco no século XVII, "uma sociedade escravista na mais cabal acepção do termo". Para que o leitor possa apreciar devidamente a construção de Freitas, é útil passar os olhos pela descrição que o gaúcho legou das "classes" existentes nessa sociedade:

> Os homens se dividiam fundamentalmente em duas categorias: livres e escravos. A separação entre livres e escravos era insuperável, mas havia uma estratificação social igualmente rígida na população livre. No alto, os senhores de engenho, uma minoria rapace e tirânica de menos de trinta famílias entrelaçadas pelo sangue e pelo casamento (...). Abaixo dos senhores de engenho vinham os "lavradores de partido". Depois dos senhores de engenho, eram os lavradores de partido os maiores proprietários de escravos (...). Seguiam-se os grandes mercadores do Recife, que se ocupavam na importação de escravos e manufaturas (...). Na ordem decrescente

[106] Idem, ibidem, p. 12.

da pirâmide social, apareciam depois os artesãos (...). No período anterior à invasão holandesa chegou a haver uma classe mais ou menos numerosa de pequenos proprietários rurais chamados "pequenos sesmeiros". A congênita e insuperável incompatibilidade entre a pequena propriedade familiar e o latifúndio escravista condenava-os ao desaparecimento (...). Os livres pobres figuravam em último lugar na escala dos homens livres, acima apenas dos índios e dos escravos.[107]

Eis o mundo – partilhado por classes, umas dominadas pelas outras – em que emergem o Palmares e o Zumbi de Freitas. Acerca do quilombo, o cenário onde o herói Zumbi levou a cabo suas grandiosas ações, explica Freitas que emergira como resposta à "desumanização do escravo" própria do sistema escravista, nascera da "alienação da própria identidade humana do escravo". Para responder a tal desumanização o cativo lançava mão da única arma que lhe restava, a fuga: "Mas a própria fuga não foi uma forma eficaz de libertação enquanto não descobriram a região de Palmares, convertendo-a inicialmente num refúgio seguro e depois num foco insurrecional".[108]

A vida social aí, nesse retiro seguro, tinha contornos próprios, diversos daqueles que regiam a sociedade dominante a que se opunha. Freitas advoga que os negros revoltosos, ao menos até 1630, quando o quilombo cresceu muito em decorrência da invasão holandesa, construíram uma pequena Angola na

---

107 Idem, ibidem, pp. 21-4.
108 Idem, ibidem, p. 33.

serra da Barriga, uma Angola em parte semelhante ao continente africano, em parte reprodutora da sociedade dos colonos portugueses, culturalmente muito heterogênea, mas que contava com um poderoso elemento de agregação: a opressão a que estavam expostos os negros na sociedade escravista:

> Cabe, pois, admitir que os palmarinos tenham apelado para o sincretismo religioso e a língua portuguesa como meio de conciliar irredutíveis antagonismos religiosos e linguísticos (...). A heterogeneidade étnica e cultural dos escravos oferece por outro lado um dado de suma importância para a análise e a compreensão do movimento palmarino. Mostra, por exemplo, que não tinha por base quaisquer tradições culturais comuns aos escravos. Nem havia entre eles os laços de consanguinidade que pudessem justificar a tese de Nina Rodrigues de que se tratava de um movimento de "regressão tribal". O vínculo que havia entre os escravos era a desgraça comum, ou, em outras palavras, um vínculo de classe.[109]

Este núcleo revoltoso tornou-se, ao longo da ocupação holandesa, uma enorme ameaça às classes dominantes da colônia, às portuguesas e às holandesas. Do quilombo saíam guerrilhas que levavam o desassossego aos habitantes da região e às autoridades coloniais. Daí as incontáveis tentativas portuguesas e holandesas de destruí-lo, tentativas pulverizadas pela bravura indômita dos insurgentes – que, afinal, insinua Freitas,

---

[109] Idem, ibidem, p. 49.

contavam com o entusiasmo daqueles que lutam pelo justo e pelo verdadeiro.[110]

Mais do que desordem e prejuízo, no entanto, o que exportava o quilombo construído por Freitas era o ideal de liberdade. Não por acaso, salienta o gaúcho, Palmares cedo tornou-se lugar de refúgio de todos os deserdados da sociedade colonial, de todos aqueles que, com mais ou menos consciência, combatiam o sistema escravista:

> Nem só negros ou ex-escravos viviam nos Palmares. Ainda que em pequeno número, havia entre eles índios, mamelucos, mulatas e brancos. Este fato sublinha o conteúdo essencialmente social do movimento palmarino. Desde o início, Palmares se constituiu em um asilo aberto a todos os perseguidos e deserdados da sociedade colonial. (…) Mais tarde, soldados das expedições desertariam para os palmarinos. Nem mesmo os soldados pagos, em sua quase totalidade portugueses, resistiram por vezes à tentação de ir viver a vida livre e farta dos Palmares.[111]

É nesse lugar de "vida livre e farta", onde se partilha de uma enorme revolta contra o modo de vida dominante na colônia, que prospera o primeiro herói brasileiro verdadeiramente identificado com os oprimidos da sociedade local: Zumbi, "um negro que se afirmara como o combatente mais indômito da liberdade de sua gente". O Zumbi de Freitas, obviamente, não é

---

110 Idem, ibidem, p. 55.
111 Idem, ibidem, pp. 70-1.

um cargo ocupado por um guerreiro valoroso; é, sim, o nome de um indivíduo de carne e osso:

> Não se afigura melhor fundada a hipótese segundo a qual os palmarinos cognominavam antonomasticamente de Zumbi todos os seus chefes militares (...). Não cabe dúvida que pelo menos no período de 1676 a 1695 só existiu um indivíduo com esse nome. Inúmeros documentos das autoridades portuguesas permitem estabelecer inconfundivelmente a identidade física e histórica do general palmarino. (...) O Barão de Studart chegou à conclusão "de que a palavra Zumbi não designa posto hierárquico, mas é um nome próprio, o nome de um indivíduo, Zumbi, um dos heróis da Troia negra".[112]

O "Spartacus" da "Troia negra", que ascendeu ao poder palmarino impondo uma espécie de "ditadura de salvação nacional", tinha, aos olhos de Freitas, uma "história de vida" que o habilitava à condição de líder de uma revolta pela liberdade. O gaúcho, baseado numas supostas cartas que nenhum outro historiador viu até hoje[113] – possivelmente criadas por sua fértil imaginação, alimentada pela crença cega de que portava a verdade sobre o quilombo, a verdade dos oprimidos –, providenciou uma infância para Zumbi, uma infância tutorada por um padre de nome Antônio de Melo, que ensinou o futuro líder a ler, a escrever e a precocemente cultivar o ideal de liberdade. Foi

---

112 Idem, ibidem, pp. 117-8.

113 A versão da infância de Zumbi aparece em três páginas da 3ª edição de *Palmares: a guerra dos escravos*, publicada em 1981 pela editora Graal.

esse negro predestinado que, depois de combater por décadas as tropas portuguesas, morreu traído mas com grande bravura nas mãos dos paulistas em novembro de 1695:

> Cercado o lugar por Furtado de Mendonça, encaminhou-se Soares [o mulato delator] para o chefe [Zumbi], que o acolheu confiadamente. Então, bruscamente, Soares enterrou-lhe um punhal no estômago e deu o sinal aos paulistas. Acudido logo pelos companheiros e apesar de mortalmente ferido, Zumbi ainda lutou com bravura. Em carta de 14 de março de 1696 para o rei, Mello e Castro contou que Zumbi "pelejou valorosa e desesperadamente, matando um, ferindo alguns e, não querendo render-se nem aos companheiros, foi preciso matá-los e só a um se apanhou vivo".[114]

É esse negro, igualmente, que leva ao limite as possibilidades da revolta dos cativos no interior da sociedade escravocrata, limite que tristemente para os revoltosos não coincide com a extinção do cativeiro. Apesar, pois, da grandiosidade de Palmares e de Zumbi, os escravos, sozinhos, ensina-nos Freitas, não tinham forças suficientes para, naquela altura, vencer a luta histórica contra o sistema escravista e contra as suas classes dominantes: "O que sempre fez dos escravos os mais desgraçados entre todos os oprimidos e explorados da terra foi o fato de que a história lhes negava a oportunidade de transformarem o mundo".[115]

---

114 Freitas, Décio, op. cit., p. 166.
115 Idem, ibidem, p. 176.

Poucos meses depois do lançamento do decisivo livro de Freitas, em 1972, outro homem de esquerda, José Alípio Goulart, coloca mais um *tijolo* – tijolo pequeno, é verdade – na construção militante e esquerdista de Palmares com o seu *Da fuga ao suicídio*. A obra, o segundo volume reunindo uma série de estudos sobre os castigos impostos aos negros e às reações desses a tais castigos, dedica um capítulo aos quilombos de Alagoas, nomeadamente ao quilombo de Palmares. A sua breve abordagem é, a bem da verdade, um repassar de documentos já então bastante conhecidos, cujo único propósito é salientar o caráter de luta contra o sistema escravista encarnado naquele ajuntamento de negros revoltosos: "Jamais as vitórias dos perseguidores de quilombolas fizeram arrefecer o ânimo dos negros, esmaecer a sua permanente rebeldia contra o estado de escravidão a que os submeteram".[116]

Treze anos depois, em 1985, vem a público uma obra bem mais representativa para a consolidação da imagem pública de Palmares e de seu líder: *Zumbi*, de Joel Rufino dos Santos. O curto, didático e romântico estudo é uma síntese exemplar do Palmares e do Zumbi que, desde a década de 50 do século XX, um pouco antes, um pouco depois, vinham pacientemente sendo construídos pelos militantes dos movimentos negros e pelos estudiosos egressos do pensamento de esquerda. O escrito de Rufino dos Santos é um índice inequívoco de que tal construção, àquela altura, estava consolidada no senso

---

116 Goulart, José Alípio. *Da fuga ao suicídio: aspectos de rebeldia dos escravos no Brasil*, p. 228.

comum do brasileiro e havia ganhado "ares de naturalidade". O seu Palmares era o avesso do "mundo do açúcar" que lhe cercava e ao qual se opunha. Enquanto predominava no mundo dos senhores a monocultura da cana, a escassez de alimentos, a produção para o mercado externo, a terra como base da riqueza e a acentuada desigualdade de uma sociedade dividida em classes, em Palmares se podia testemunhar o avesso: a variedade de culturas agrícolas, a abundância de alimentos, a produção destinada ao consumo dos moradores do quilombo, a terra valorizada unicamente por sua utilidade para os habitantes e uma sociedade que, apesar de reservar privilégios aos chefes militares e políticos, era marcada pela inexistência de classes e, consequentemente, de desníveis sociais.

Foi essa sociedade, "quase socialista", que deu origem ao futuro líder Zumbi:

> Tudo começou com um Brás da Rocha que atacou Palmares em 1655 e carregou, entre presas adultas, um recém-nascido. Brás o entregou, honestamente, como era do contrato, ao chefe de uma coluna, e este decidiu fazer um presente ao cura de Porto Calvo. Padre Melo achou que devia chamá-lo Francisco. (…) Padre Melo achava Francisco inteligentíssimo: resolveu desasná-lo em português, latim e religião. (…) Numa noite de 1670, ao completar quinze anos, Francisco fugiu. (…) Doze anos depois, o cura regressou a Portugal – foi servir em Santarém – e de lá, em cartas a um amigo do Porto, só falou bem do ex-coroinha. (…) Francisco se chamava agora Zumbi.[117]

---

117 Rufino dos Santos, Joel. *Zumbi*, pp. 27-8.

O ex-coroinha "criado" pelo gaúcho Décio Freitas e ratificado pelo carioca Rufino dos Santos tornou-se o sobrinho rebelde do chefe maior de Palmares, Ganga Zumba. Oito anos após chegar ao refúgio negro da serra da Barriga, revoltado com o acordo de paz celebrado entre o líder palmarino e os portugueses, Zumbi não titubeou em trair o suposto tio. Tratou de arregimentar outros líderes descontentes com Ganga Zumba e instaurar no quilombo o que, aos olhos de Rufino dos Santos, tornou-se uma autêntica "ditadura militar". O ato de Zumbi, à primeira vista, pode parecer indigno de um herói da causa negra; todavia, a má impressão é imediatamente desfeita pelo autor, que trata de demonstrar o quão necessário era a atitude aparentemente autoritária do herói, tendo em vista a luta maior de todos os quilombolas contra a escravidão:

> Aos quinze anos deixara a liberdade e o conforto de padre Melo para voltar a Palmares. Aos 23 recusou a paz que Ganga Zumba firmara com os brancos, paz que lhe garantia a liberdade pois nascera em Palmares. Aos 25, incompletos, fechou, enfim, a última porta: continuaria em Palmares para combater.[118]

Tal como o Zumbi dos cronistas coloniais, o Zumbi de Rufino dos Santos é um guerreiro magistral. Entretanto, distante dos seus antecessores dos séculos XVII e XVIII, o escritor não exalta os dotes do líder negro somente para construir a imagem heroica do seu opositor, o bandeirante Jorge Velho;

---

[118] Idem, ibidem, p. 36.

ao contrário, a meta do historiador é incluir o quilombola na galeria dos grandes generais da história – "Ciro, Alexandre, Aníbal, Chaka, Sundiata Keita, Napoleão, a rainha Nzinga Samori, Caopolican":

> Zumbi diferiu, entretanto, de muitos desses campeões da guerra numa coisa: não combateu para conquistar territórios ou glórias. Foi, no entanto, um guerreiro implacável, incapaz de hesitar diante do sangue e do fogo. Desde que sentou no trono que fora de Ganga Zumba, na praça central da Cerca Real do Macaco, seu corpo pequeno e magro se transformou numa flecha apontada para o coração do mundo escravista. Ele transformou o povo inteiro de Palmares – quase 30 mil pessoas – num arco retesado.[119]

O libelo de Rufino dos Santos termina de maneira impactante. Depois de, uma vez mais, desmentir a versão do suicídio do herói e narrar a sua última batalha, o historiador põe diante do leitor o cadáver do herói negro de Palmares:

> Dia seguinte o cadáver chegou a Porto Calvo. Não estaria bonito de ver. Tinha quinze furos de bala e inumeráveis de punhal. Lhe tinham tirado um olho e a mão direita. Estava castrado, o pênis enfiado na boca. Banga, único sobrevivente da guarda de Zumbi, os escravos Francisco e João e os fazendeiros Antônio Pinto e Antônio Sousa testemunharam, perante os vereadores, que aquela

---

[119] Idem, ibidem, p. 37.

pequena carcaça, troncha e começando a feder, era, indiscutivelmente, o temível Zumbi dos Palmares.[120]

Em 1988, mais um militante, Ivan Alves Filho, acrescenta outra pedra à construção esquerdista de Palmares e publica *Memorial dos Palmares*. O libelo, escrito árido e impregnado por uma cantilena de esquerda – desgastada mesmo na época em que Alves Filho escreveu o livro –, pinta Palmares como um episódio brasileiro da universal e quase eterna luta das classes:

> De fato, Palmares revela, no plano das lutas sociais, aquilo que no terreno das estruturas econômicas já se encontrava em marcha inexorável: a passagem da sociedade tribal para a sociedade escravista. E mais, demonstra claramente que, desde os primórdios da vida material da colônia, o capitalismo nascente nas áreas centrais fomenta e possibilita a reprodução, nas áreas periféricas, de relações de produção escravistas e outras relações atrasadas, de forma geral, mesmo ao se considerar a escravidão como uma categoria sociojurídica (ao que se deve acrescentar, no caso brasileiro, a dimensão étnica), é inegável que os escravos produtivos (...) formaram a base social por excelência dos palmarinos. Nesse quadro, Palmares é a nossa primeira luta de classes.[121]

O livro é, pois, a longa e monótona demonstração dessa tese, demonstração sempre permeada de expressões e trejeitos

---

120 Idem, ibidem, p. 47.
121 Alves Filho, Ivan, op. cit., pp. XII-XIII.

que procuram lembrar ao leitor que a construção proposta é "científica", é mais que uma construção, é a tentativa de reconstrução da verdade histórica.

Zumbi é aí, parece óbvio, o que poderia ser, um herói de classe. Antes, porém, detenhamo-nos rapidamente na pintura do anti-herói, o paulista ganancioso e sedento de terras Domingos Jorge Velho:

> Se alguém perguntasse ao bispo de Pernambuco, d. Frei Francisco de Lima, a sua opinião sobre o bandeirante paulista Domingos Jorge Velho, provavelmente ouviria isso como resposta: "Este homem é um dos maiores selvagens com que tenho topado; quando se avistou comigo trouxe consigo um intérprete porque nem falar sabe, nem se diferencia do mais bárbaro Tapuia, a não ser quando diz ser cristão". Domingos Jorge Velho era o chefe de uma milícia paulista – bando seminômade formado por brancos e mestiços da capitania de São Paulo – operando nas capitanias do Nordeste.[122]

Opondo-se a esse "selvagem ganancioso", outrora tido como "herói civilizador", surge Zumbi. Antes visto como um bárbaro líder negro que ameaçava a civilização que se queria implantar nos trópicos, agora, no Brasil do ocaso do século XX, transmuta-se no herói possível dos oprimidos da colônia. Numa passagem entrecortada com uma sentença de ninguém menos do que Mao Tsé-tung, Alves Filho descreve-o com as cores seguintes:

---

122 Idem, ibidem, p. 123.

Zumbi fora batizado com o nome de Francisco e nascera em Palmares mesmo, em 1655. Tinha, portanto, quarenta anos ao ser assassinado. Criado pelo Padre Antônio de Melo (Zumbi fora capturado em Palmares com poucos meses de vida, sendo livre desde o nascimento), o menino Francisco, então coroinha que "conhecia todo o latim que há mister e crescia em português e latim muito a contento", fugira para Palmares em 1670, tornando-se em poucos anos o dirigente máximo do Quilombo. Um grande dirigente revolucionário do nosso tempo observou certa feita que "um chefe militar não pode esperar arrancar uma vitória indo além dos limites impostos pelas condições materiais, mas ele pode e deve lutar pela vitória nos limites mesmos dessas condições. O cenário onde se desenrolaram suas atividades repousa sobre condições materiais objetivas, mas ele pode, sobre esse cenário, conduzir ações magníficas, de uma grandeza épica". Zumbi, enquanto chefe militar, parece ter compreendido isso.[123]

Alves Filho arremata o seu estudo com um balanço da história de Palmares produzida até aquela data, história que, segundo o estudioso, estava condicionada por uma partilha de classe: de um lado, a história da classe dominante, que exalta os bandeirantes como agentes da civilização e a pequena Palmares, tomando-a como uma herança da barbárie africana; de outro, a história consciente e lúcida de tradição marxista:

> De fato, Astrojildo Pereira, então secretário-geral do Partido Comunista, é o primeiro a destacar o caráter classista do Quilombo dos

---

123 Idem, ibidem, p. 156.

Palmares (...). Doravante, o pensamento burguês e racista não detém mais o monopólio ideológico dos estudos palmarinos. E na trilha aberta por Astrojildo Pereira surgiram ensaios dos mais importantes, como aqueles produzidos por Dutiviliano Ramos (também ele um ex-secretário-geral do Partido Comunista), Edison Carneiro e Décio Freitas. (...) Tem ressurgido ultimamente, sob nova roupagem, a tese tribalista, separatista, com nítido objetivo de se opor a uma visão mais materialista da questão palmarina. Trata-se, basicamente, de acentuar a dimensão racial da experiência palmarina em detrimento da dimensão classista. O que antes era considerado negativo passa agora a ser positivo.[124]

Legítima preocupação a do marxista Alves Filho, que se inquietava, no final do século xx, com a entrada em cena de uma nova construção de Palmares e de Zumbi: aquela que sutilmente, sem deixar de lado o vocabulário e o espírito marxista, transmuta Palmares numa revolta de raça – da raça negra escravizada. Dito de outro modo, a perspectiva marxista do quilombo perde espaço, muda de tom e incorpora a perspectiva "minoritária" – é a entrada em cena das ONGs e dos discursos pela dignificação e afirmação das minorias.

Um bom exemplo dessa suave mas importante mutação encontra-se na obra coletiva *Liberdade por um fio*, organizada pelos historiadores João José Reis e Flávio dos Santos Gomes em 1996. Logo na introdução, os organizadores esclarecem:

---

124 Idem, ibidem, pp. 172-3.

Os poucos estudos mais recentes sobre os quilombos e revoltas escravas, escritos nos anos 1980 e 1990, não abandonaram a problemática cultural nem a influência marxista. Na verdade são, em muitos casos, herdeiros desses paradigmas, pois neles encontramos tanto continuidade como ruptura em relação aos que vieram antes. No entanto, em geral, renovaram a discussão do fenômeno porque desistiram da busca frenética de sobrevivências africanas e, ao mesmo tempo, da rigidez teleológica do marxismo convencional, atualizando o debate a partir de novas perspectivas da historiografia recente (...).[125]

A Palmares, propriamente, o livro dedica pelo menos cinco dos seus dezessete ensaios, de matizes bastante diversas, indicando uma relativa pluralização na construção da imagem do quilombo e de seu líder.

O ensaio inaugural da série, ensaio brevíssimo, de autoria do historiador Pedro Paulo de Abreu Funari, relata os primeiros resultados de um projeto ambicioso, que, segundo seu autor, incluiu aportes teórico-metodológicos da arqueologia, da história e da antropologia, além da participação de pesquisadores brasileiros e estrangeiros. Os resultados até então obtidos na "arqueologia de Palmares", segundo Funari, ainda não eram conclusivos, porém indicavam uma característica multiétnica da comunidade rebelde:

---

[125] Reis, João José; Gomes, Flávio dos Santos (orgs.). *Liberdade por um fio: história dos quilombos no Brasil*, p. 13.

(...) não temos dados suficientes para reinterpretar a serra da Barriga enquanto macrossítio arqueológico e, menos ainda, a organização política de Palmares no século XVII. Contudo, o fato de termos encontrado, principalmente, cerâmica de tipo indígena é muito significativo, pois sugere que a mescla cultural no assentamento quilombola devia ser, a exemplo de outros casos, muito intensa.[126]

Uma década e meia mais tarde, em 2005, Funari retornaria ao tema num pequeno opúsculo intitulado *Palmares, ontem e hoje*, no qual, além de retomar o trabalho arqueológico que desenvolvera na serra da Barriga, promove um breve balanço das diversas abordagens de Palmares na historiografia. As conclusões de Funari, no entanto, melhor, o seu contributo para a construção do quilombo e de seu líder no repertório intelectual do brasileiro é ainda aquele que mencionara no ensaio de 1988: o caráter multiétnico do quilombo e seu compromisso com a "liberdade – a identidade palmarina ter-se-ia consolidado através do contato e da fusão de diferentes culturas coloniais, europeias e africanas".[127]

O segundo ensaio da coletânea organizada por Reis e Gomes, "Palmares, como poderia ter sido", de autoria do antropólogo americano Richard Price, propõe uma leitura singular – o americanista pretende estabelecer uma comparação de Palmares com a comunidade dos saramakas, quilombolas que viveram nos tempos coloniais na região do atual Suriname –,

---

126 Idem, ibidem, pp. 46-7.

127 Funari, Pedro Paulo; Carvalho, Aline Vieira de. *Palmares, ontem e hoje*, p. 51.

mas pouco impactante do quilombo; pouco impactante, vale ressaltar, da perspectiva que aqui interessa: a construção histórica das imagens do quilombo e de seu líder no senso comum do brasileiro. Mais relevante, neste sentido, é o ensaio "Deus contra Palmares", de Ronaldo Vainfas. O escrito dá continuidade àquela visão dos palmarinos como os representantes maiores das gentes oprimidas da sociedade colonial. O historiador carioca lança mão de outro movimento de contestação à sociedade colonial – "a santidade baiana (...) uma espécie de antecessora, à moda indígena, do que seria Palmares no século XVII" – para demonstrar como grupos multiétnicos, compostos por indígenas, africanos e descendentes, foram capazes de organizar "rebeliões frontais contra o colonialismo escravocrata". Palmares, entretanto, teria se destacado por sua longevidade, intransigência e sucessos militares.[128]

Mas não só. O ensaio de Vainfas, bem ao gosto de seu tempo, introduz uns detalhes novos nesta muito conhecida construção. O historiador, é certo, não dispensa o uso do vocabulário já consolidado: a exaltação da rebelião contra a sociedade escravocrata como um valor em si, o quilombo como emblema das rebeliões coloniais ou como estímulo à luta pela liberdade, o enaltecimento do impacto que teve a existência dos palmarinos na sociedade colonial, os esforços militares do poder constituído para debelá-lo etc. Todavia, ele lança mão também de descrições novas – não muitas –, interessadas em

---

[128] Vainfas, Ronaldo. "Deus contra Palmares". In: Reis, João José; Gomes, Flávio dos Santos (orgs.), op. cit., p. 62.

dos envolvidos no conflito: primeiramente, evoca o pavor dos "agentes do colonialismo português" em relação aos quilombolas; em seguida, destaca enfaticamente os "mecanismos ideológicos" que a sociedade colonial produziu para combater Palmares:

> Aos escravos recomendava-se o conformismo com a situação de cativos e a esperança de uma vida melhor após a morte. Aos senhores, o tom era quase sempre de ameaça com castigos do Céu e da Terra, caso não cuidassem da salvação espiritual e humana dos negros, negando-lhes a possibilidade da catequese e abusando do direito de explorá-los e castigá-los.[129]

Um quilombo que suscita reações dos poderes constituídos, mas reações menos intensas do que o de Vainfas, é erguido por Sílvia Hunold Lara no quarto ensaio, "Do singular ao plural: Palmares, capitães do mato e governo dos escravos". Trata-se aqui de uma análise dos mecanismos de controle do escravo desenvolvidos pela sociedade colonial a partir da experiência palmarina, pois, segundo a historiadora, "Palmares foi importante também pelas questões que colocou à tradicional política de prevenção contra fugas e ajuntamentos de fugitivos".[130]

O ensaio de Lara, contudo, também pouco acrescenta ao Palmares e ao Zumbi que se quer aqui historiar – aqueles que ao longo dos tempos vêm sendo construídos pela sociedade

---

[129] Idem, ibidem, p. 70.

[130] "Do singular ao plural: Palmares, capitães do mato e governo dos escravos". In: Reis, João José; Gomes, Flávio dos Santos (orgs.), op. cit., p. 83.

brasileira –, salvo pela já conhecida exaltação da importância que teve o quilombo para a sociedade de então e para a estruturação da sociedade escravista na América portuguesa. É verdade que não se pode detectar no ensaio o tom ligeiramente épico, a tal "encarnação da luta pela liberdade", que se detecta nos escritos anteriores e mesmo – sem nenhum exagero – na literatura sobre o quilombo produzida nas últimas seis ou sete décadas. Trata-se, aqui, como já mencionamos, de construções ligeiramente renovadas de Zumbi que começam a ganhar corpo a partir do final da década de 80 do século XX e que principiam a lançar em desuso ou a dar outra coloração ao vocabulário marxista que predominara até então na construção do quilombo e de seu líder.

O mesmo se pode dizer dos ensaios do antropólogo e historiador Luiz Mott. O que consta na coletânea de Reis e Gomes, intitulado "Santo Antônio, o divino capitão do mato", procura "recuperar uma das facetas mais intrigantes do carisma de Santo Antônio: sua função de capitão do mato na recuperação de escravos fugitivos e na destruição de quilombos". Outro, publicado em 2003, aventa a possibilidade de Zumbi ter sido homossexual.

O primeiro ensaio encarrega-se de incrementar o conhecimento dos mecanismos utilizados pela sociedade colonial contra Palmares, mas nada acrescenta à construção social do quilombo e de Zumbi. O segundo escrito, entretanto, traz uma construção renovada da imagem do herói dos palmarinos. Depois dos quilombolas e de seu líder ganharem os contornos de "empecilhos à civilização", de "modelos para as classes revolucionárias", de "ícones dos oprimidos" e, mais recentemente, de "símbolos da consciência negra", temos, enfim, um Zumbi conectado às "minorias sexuais", um "Zumbi gay".

Mott apresenta cinco curiosas pistas – cujo anacronismo faria um historiador como Lucien Febvre revirar no túmulo – que indicariam a não heterossexualidade de Zumbi. Elas poderiam competir com aquelas criadas pelos estudiosos oitocentistas para sustentar o mito do Jorge Velho paladino da civilização: 1) "Não há evidência alguma de que Zumbi teve mulher ou filhos"; 2) "Zumbi era conhecido por um intrigante apelido: sueca"; 3) "Zumbi (…) descendia dos Jagas de Angola, etnia em que a homossexualidade tem numerosos adeptos"; 4) "Zumbi, descrito como possuidor de 'temperamento suave e habilidades artísticas' (…), até os quinze anos, foi criado pelo Vigário de Porto Calvo (…), referido como afeiçoado a seu negrinho". Mott, inclusive, tece umas considerações sobre a provável homossexualidade do padre Melo, que teria criado Zumbi: "Ora: nos tempos inquisitoriais a homossexualidade era chamada, com razão, de 'vício dos clérigos' (…), muitos desses tendo como cúmplices exatamente seus escravos (…)";[131] 5) Zumbi teria sido morto e exposto de um modo marcadamente sexualizado:

> (…) dizem os estudiosos que Zumbi, ao ser preso e executado (…), foi degolado "sendo castrado e o pênis enfiado dentro da boca". (…) Uma forma antiga e simbólica de humilhar os "falsos ao corpo"

---

[131] Mott, Luiz. *Crônicas de um gay assumido*, p. 157.

que, por não terem usado adequadamente seu falo, tornaram-se merecedores de engoli-lo na hora da morte.[132]

A construção de Mott – que lhe custou não poucos dissabores e críticas – traz um detalhe curioso: a sua legitimidade é retirada da historiografia tradicional sobre o tema, que cristalizara certas características do mito Zumbi, como a infância tutelada por um padre, a sofisticação de seus modos, a morte bárbara que lhe impingiram os "civilizados" e mesmo certa tendência – muito viva a partir da década de 80 do século passado – a ver no suposto líder negro a encarnação de toda contestação possível ao *status quo*. É desse caldo que Mott extrai o seu Zumbi "xibungo" (homossexual), um Zumbi com um traço inusitado, que se aproveita de uma imagem consolidada do líder negro, a de porta-voz dos "desviantes", daqueles que se puseram contra o sistema, independentemente de qual fosse.

É tempo, porém, de deixar para trás o herói gay de Mott e avançar nesta "biografia" de Zumbi e de Palmares, variada e pacientemente construída pelos letrados de língua portuguesa – e não só – nos séculos XVII, XVIII, XIX, XX e XXI. A série, porém, já vai longa e, apesar das suas muitas lacunas, é hora de encerrá-la com duas obras recentes, uma organizada e outra, de caráter paradidático, escrita por Flávio dos Santos Gomes.

A coletânea *Mocambos de Palmares: história e fontes*, composta por oito pequenos ensaios e um vasto elenco de documentos sobre o quilombo – de uma missiva integrante da

---

[132] Idem, ibidem, p. 158.

correspondência do então governador-geral de Pernambuco Diogo Botelho (1603) a uma carta de doação de terras (1742) –, não traz peças originais para o quebra-cabeças que aqui se quer montar, mas ilustra bem a persistência de certas peças. É o próprio organizador quem exemplarmente esclarece os propósitos de sua antologia documental:

> (…) a natureza desta documentação manuscrita é pública, administrativa e militar. E a economia, a cultura, a religião e a política de Palmares? No que se refere às poucas fontes neerlandesas o que elas revelam? E as dimensões africanas? O que restaria de Palmares? Como em torno dele foi construída uma simbologia de luta de movimentos sociais contemporâneos? É o que apresentamos na primeira parte desta coletânea reunindo importantes especialistas sobre a temática.[133]

Essa esclarecedora parte inicial, toda ela permeada pela tal "tradição de liberdade" supostamente encarnada por Palmares, trata de acrescentar mais cores e mais detalhes ao quadro clássico: são notas acerca das semelhanças culturais de Palmares com certas sociedades africanas; são análises dos impactos da sublevação sobre o mundo dos senhores; são descrições mais precisas da vida material dos palmarinos e considerações mais alongadas sobre o caráter multicultural – vocábulo bem ao gosto deste início do século XXI – do quilombo.

---

[133] Gomes, Flávio (org.), op. cit., p. 12.

O escrito de natureza didática, de maneira ainda mais contundente do que a coletânea de estudos e documentos, também tem aquele caráter de síntese de uma tradição consolidada. Palmares é apresentado ao leitor como um evento grandioso, exemplar da luta contra estados de opressão, nomeadamente contra a escravidão. Daí ocupar um lugar de destaque na longa série de comunidades criadas por cativos revoltados – palanques, cumbes, marrons, cimarrones, maronages, quilombos, mocambos – nos quatro cantos do Novo Mundo.

A temática da resistência escrava, entretanto, não esgota o empenho de construção da imagem de Palmares empreendido na obra. Tal como havia proposto na coletânea mencionada, também no livro didático, Gomes aspira a recompor o cotidiano dos palmarinos e, bem ao gosto dos chamados "historiadores do centenário da Abolição", descrever as estratégias diárias de sobrevivência e negociação dos quilombolas entre si e com o mundo circundante, como adianta o próprio autor:

> Transformar as histórias dos quilombos nas Américas tão somente em capítulos da resistência escrava é retirar-lhes não apenas a historicidade e o legado, mas também a possibilidade de entender o funcionamento das sociedades nas quais se estabeleceram, assim como formas de domínio, percepções políticas, agenciamentos, negociação, violência e vida cotidiana existentes.[134]

---

134 Gomes, Flávio. *Palmares: escravidão e liberdade no Atlântico Sul*, p. 11.

Mais adiante, Gomes procura incorporar ao estudo de Palmares um leque de temas muito em voga quando da redação de seu livro:

> A história de Palmares precisa ser relida à luz das experiências históricas do Império português e suas formas de domínio. Fundamentalmente, precisa ser lida à luz de uma história atlântica das estruturas e das agências. Necessita de reflexões articuladas tanto com a história de Angola quanto com as experiências articuladas do Atlântico Sul. Novas leituras a partir da história indígena e do indigenismo colonial dos séculos XVI e XVII. Mais ainda: uma releitura da história africana e desta no Brasil. Enfim, temos de retornar a Palmares.[135]

Desse Palmares ampliado, que vai além de um "foco exemplar" de resistência escrava, Gomes traça um panorama conhecido: "A maior e mais conhecida comunidade de toda a América surgiu no final do século XVI e permaneceu até o século XVIII, a representar uma esperança aos cativos e uma ameaça a autoridades e senhores".[136]

O seu Zumbi também é conhecido e praticamente reproduz o quadro pintado por Décio Freitas, como se pode acompanhar neste pequeno trecho:

---

[135] Idem, ibidem, p. 30.
[136] Idem, ibidem, p. 10.

(...) Zumbi teria nascido em Palmares em 1655. Durante as investidas coloniais contra os *palmaristas*, foi capturado ainda recém-nascido. Levado para a vila de Porto Calvo, foi batizado com o nome de Francisco. Cresceu e passou a trabalhar para o padre Antônio de Melo. Sabe-se ainda que com este aprendeu bem o latim e o português. Em 1670, com cerca de quinze anos, fugiu para Palmares. Poucos anos depois já se tornava importante comandante militar. No final de 1678, com sua decisão de não apoiar o acordo com os portugueses e devido ao assassinato de Ganga Zumba, tornar-se-ia o principal líder de Palmares.[137]

Os livros de Gomes põem termo à longa série – ainda que incompleta – de escritos dedicados a Palmares e ao seu suposto líder Zumbi. A série é longa, mas está longe de ser irregular. Logo nas décadas iniciais do século XX, os homens de letras (romancistas, historiadores, arquivistas, eruditos etc.) do país – e mesmo do exterior – deixaram para trás aquela perspectiva que via nos palmarinos uma séria ameaça não somente à sociedade escravocrata, mas, sobretudo, como cansaram de salientar os escritores oitocentistas, ao avanço da "civilização" na colônia. Deixaram para trás, igualmente, o antigo "herói branco" da aventura palmarina: o bandeirante Domingos Jorge Velho. Ao longo do século XX, a urbanização e a modernização da sociedade brasileira suscitaram outras sagas e outros heróis, e Zumbi não passou imune a tal processo, ao contrário.

137 Idem, ibidem, p. 138.

Já no início do século, Alfredo Brandão e outros alagoanos recusaram a ideia de que o quilombo constituía um "empecilho à civilização", optando por lê-lo romanticamente como uma espécie de mito fundador da luta pela liberdade em terras brasileiras. Arthur Ramos, a seu modo, um modo culturalista, advogou que os quilombolas inauguraram uma sociedade organizada e com características próprias na serra da Barriga, uma sociedade mista – com traços africanos e europeus – e distante da "barbárie" que outrora lhe atribuíam.

A linhagem interpretativa que se irá impor no século XX, no entanto, é outra, é aquela que simbolicamente foi inaugurada pelo comunista Astrojildo Pereira no pequeno artigo citado anteriormente, aquela que afirma ser a República de Palmares uma "autêntica luta de classes que encheu séculos de nossa história". Edison Carneiro, em 1946, converte o quilombo no grande núcleo de resistência ao escravismo colonial e Zumbi num mártir da luta pela liberdade. O francês Benjamin Péret repetiu a tese de Carneiro, mas ressaltou que ainda faltava aos negros revoltados da serra da Barriga a plena consciência da sua condição de classe. O também marxista Clóvis Moura discorda e salienta a importância de Palmares e dos palmarinos na luta contra as "classes dominantes".

Foi, contudo, o gaúcho Décio Freitas, sobretudo após a terceira edição, em 1981, de seu *Palmares: a guerra dos escravos*, que aparou as arestas e deu os arremates finais a esse Zumbi e a esse Palmares esquerdista e libertário que se vinha construindo. Freitas, de saída, deu uma existência palpável para o herói negro. O gaúcho não se limitou a "esclarecer" se Zumbi era um cargo militar ou um indivíduo, nem tampouco se tinha se matado ou fora assassinado. Lançou mão de documentos nunca encontrados – nem antes, nem depois de seu trabalho – por outros historiadores, inventou uma infância singular e culta para o menino Zumbi e pintou uma vida rebelde e guerreira para o Zumbi maduro. Dito em poucas palavras, criou um "herói romântico" para liderar os palmarinos. Quanto a Palmares, tratava-se quase de uma sociedade socialista *avant la lettre*: farta, livre e, sobretudo, aberta a todos os oprimidos. Freitas, como se viu, teve muitos seguidores e estabeleceu uma linha de tradição – esquerdista – para a construção histórica de Palmares que não se restringiu ao registro escrito.

O cenário não se altera substantivamente depois do centenário da Abolição, em 1988, quando ocorre uma avalanche de publicações acadêmicas, documentários, romances, matérias jornalísticas, peças de teatro, enfim, uma avalanche de construções do negro e da escravidão no Brasil.

É verdade que, no tocante a Palmares e Zumbi, uma nova geração de historiadores amenizou aquele caráter militante e socialista do quilombo que havia se cristalizado no senso comum do brasileiro. É verdade, também, que esses novos historiadores pluralizaram os temas relativos a Palmares e minimizaram a importância da personagem Zumbi na trama palmarina – o coletivo predomina. É verdade, ainda, que, em sintonia com o empenho de outrora, essa nova geração preocupou-se em agrupar e editar documentos sobre a revolta na serra da Barriga.

As inovações, contudo, não são tantas que não se possam detectar nessa nova construção os pilares da construção anterior. Persiste aqui uma certa "posição antissistema", um gosto por exaltar a contestação, o desvio, em detrimento da ordem. Persiste, também, a tendência a louvar as ações dos ditos "oprimidos", como se nelas houvesse uma sagacidade e uma pureza estranhas àqueles que agem pela manutenção do *status quo*. Persiste, ainda, uma perspectiva romântica dos heróis da liberdade instalados em Palmares.

Tais pilares, a bem da verdade, com tintas mais ou menos brandas e de maneira crescente, estiveram presentes, ao longo das últimas décadas, nas construções de Palmares e de Zumbi que apareceram um pouco por todo lado. Naquele Palmares que o cineasta alagoano Cacá Diegues levou para as telas de cinema em *Ganga Zumba* (1964), adaptação do romance citado de João Felício dos Santos, e, duas décadas mais tarde, em *Quilombo* – uma encarnação cinematográfica do livro de Décio Freitas –, por exemplo. Ou nas páginas do sem-número de livros didáticos e paradidáticos que inundaram o mercado nas últimas décadas, sobretudo a partir de 1988. Ou ainda nas peças de teatro dedicadas à *temática negra*; nas representações de quilombos e quilombolas que marcaram presença em novelas televisivas e em canções populares; naqueles lemas e palavras de ordem de agremiações, instituições de ensino e organizações não governamentais ligadas à causa negra; na imprensa e mesmo naquelas datas que os movimentos negros e seus arautos escolheram para demarcar os contornos de uma memória negra nacional.

A propósito de tais datas, a principal delas, 20 de novembro, data da celebração da "consciência negra", é ilustrativa. A ideia de desvincular as comemorações em torno da luta pela libertação dos negros de uma figura branca e aristocrática, a "redentora" Princesa Isabel, surgiu no Rio Grande do Sul, em plena ditadura militar. A nova data escolhida, inspirada nas comemorações em torno de Joaquim José da Silva Xavier, o Tiradentes – herói branco da luta pela liberdade –, recaiu sobre o dia em que o herói da liberdade negra, Zumbi, teria sido "morto em combate": 20 de novembro de 1695, um marco na "luta pela liberdade do povo negro, o alvorecer da luta contra a opressão e o racismo", nas palavras do poeta gaúcho Oliveira Silveira.

Acerca de tal escolha e das relações do movimento negro com a historiografia aqui referida, comenta Silveira, um dos pioneiros desse movimento no Brasil:

> Já foi várias vezes explicitado o fato de não haver nenhuma vinculação de Décio Freitas com a escolha do 20 de novembro pelo Grupo Palmares. O grupo só o conheceu, assim como a sua obra, a partir deste ato e, então, passou a prestigiar o historiador e a valorizar o seu trabalho, convidando-o para palestras e, inclusive, intermediando a edição do livro em português (...). Em termos de Movimento Negro Brasileiro a obra de Décio Freitas – considerada a sua valiosa produção posterior e as reedições de *Palmares* – foi útil e contribuiu, mas o Movimento não deve a ele o seu crescimento e afirmação. Isso se deu de forma própria, e o agora chamado Movimento Social Negro brasileiro se desenvolveu e

desenvolve a partir de si mesmo, de um histórico de resistência e luta continuadas por parte do segmento negro. E mais: o Movimento estimulou a historiografia, em especial o meio acadêmico e a linha revisionista, que passaram a apresentar uma produção consideravelmente expressiva.[138]

Em suma, os tais pilares sustentaram o Zumbi e o Palmares que, ao menos nas últimas três ou quatro décadas, se estabeleceram no senso comum do brasileiro, dos mais aos menos letrados, como os verdadeiros.

---

[138] "A evocação do 20 de novembro: origens". In: Gomes, Flávio (org.), op. cit., pp. 151-2.

Conclusão

Da história de Zumbi e de Palmares, cuja montagem, desde o século XVII, o leitor pôde seguir, não seria de todo equivocado asseverar que a mesma contou com pelo menos três linhas hegemônicas. Ao longo dos Seiscentos e Setecentos, o quilombo despertou grande interesse e mereceu a atenção de muitos letrados do período, holandeses e portugueses. O Palmares construído por esses homens culturalmente brancos e ligados à administração da colônia tem contornos militares e administrativos: são extensas descrições da geografia da região, da configuração e disposição dos mocambos, estimativas sobre sua população, notas sobre suas capacidades militares e, sobretudo, relatos de batalhas movidas contra os revoltosos.

O que predomina aí é um quilombo que somente mereceu atenção na medida em que se tornara um foco permanente de instabilidade para a sociedade colonial, uma sociedade baseada na mão de obra escrava. Daí o grande destaque que as narrativas desse tempo dão às sucessivas vitórias que as armas holandesas e lusitanas diziam obter sobre o quilombo. Daí, igualmente, a crescente importância que os paulistas, reputados como célebres batedores de índios e destruidores de quilombos, ganham em tais narrativas.

O Zumbi desses colonos é tardio, surge somente em uma menção muitíssimo breve do último quartel do século XVII. Foi Rocha Pita, mais de três décadas depois de extinto o quilombo, que deu a Palmares, e sobretudo ao seu líder, uma existência mais palpável, descrevendo a organização interna da comunidade palmarina – a tal república que lembrava a Antiguidade clássica –, o seu modo de governo e os trâmites para a escolha e posse do seu chefe, a quem davam o nome de Zumbi – um título, não um indivíduo. É esse Zumbi que gradativamente passa a ocupar um lugar importante nas narrativas posteriores e ganha destaque como líder militar, cuja bravura valorizava a vitória dos colonos.

O século XIX inaugura a segunda linha de tradição na construção de Zumbi e do quilombo de Palmares, linha que terá adeptos até, pelo menos, a metade do século XX. Os criadores dessa linhagem, envolvidos com a condução dos destinos do país e crentes na superioridade da denominada civilização europeia, insistiram numa ideia mestra, muito ao gosto de seu tempo: Palmares era um foco de barbárie africana a ser combatido, era um empecilho ao avanço da "civilização" que os colonizadores estavam introduzindo nos trópicos. O Zumbi criado por esses homens só tinha algum préstimo na medida em que valorizava o feito do grande herói das batalhas contra Palmares, o paulista Domingos Jorge Velho.

Os ecos dessa construção ainda se fizeram sentir na primeira metade do século XX, em autores como Nina Rodrigues,

Ernesto Ennes, Afonso de E. Taunay e mesmo na obra de Mário Martins de Freitas, publicada em 1954. Tais ecos, contudo, gradativamente deram lugar à terceira linha de tradição na construção de Palmares e Zumbi, aquela de coloração marxista e contestatária. Astrojildo Pereira é seu inaugurador simbólico. Entretanto, caberia a Edison Carneiro estabelecer as suas bases, atualizadas e revigoradas por Décio Freitas em 1971 e em 1981, quando este lançou uma versão ligeiramente ampliada de seu estudo da década anterior. Zumbi é consagrado aí como o líder revolucionário por excelência, capaz de abalar as bases sociais de sustentação das classes dominantes que se estabeleceram no Brasil desde o período colonial. Desse herói de classe derivou, com contornos muito próximos, o herói dos oprimidos, o herói da raça negra e, mais recentemente, um herói gay, um herói das "minorias".

A propósito desse herói das minorias, ele inscreve-se em uma nova linhagem de construção do quilombo que começa a emergir a partir da década de 80 do século XX, nomeadamente a partir de 1988. Zumbi perde aqui um pouco de seu protagonismo em prol da "revolta coletiva" e dos "múltiplos mecanismos de resistência à escravidão" desenvolvidos pelos negros no cotidiano da sociedade colonial. Acerca de Zumbi, propriamente dito, a única novidade é o atributo de gay que lhe foi imputado, atributo que não parece ter causado grande impacto sobre a imagem do herói que se consolidara no senso comum do brasileiro nas últimas três décadas: a de um ícone da luta contra todo tipo de opressão (social, econômica, racial, sexual etc.) numa sociedade secularmente marcada pela exclusão.

O negro na sociedade brasileira: uma cronologia

1584
O missionário jesuíta José de Anchieta observa em uma de suas muitas cartas que, na Bahia, os "engenhos e fazendas estavam cheios de negros de Guiné" (africanos) "e mui poucos da terra" (ameríndios), e o padre visitador Fernão Cardim, comentando o quão ricos eram os senhores de Pernambuco, adverte: "Alguns devem muito pelas grandes perdas que têm com escravaria de Guiné, que lhes morrem muito".

1603
O Livro v das Ordenações Filipinas, código de leis penais que vigorou na América Portuguesa até 1830, dispunha que, antes de ser executado "por morte natural na forca para sempre", o escravo que matasse "seu senhor ou o filho de seu senhor" teria suas carnes apertadas por tenazes ardentes e as mãos decepadas. Caso o cativo, mesmo sem ferir o senhor, arrancasse contra ele uma arma, seria açoitado publicamente e teria uma das mãos cortadas.

1694
Exilado em Angola, o poeta Gregório de Matos escreve: "Não sei,

para que é nascer neste Brasil empestado um homem branco, e honrado sem outra raça. Terra grosseira e crassa que a ninguém se tem respeito, salvo quem mostra algum jeito de ser mulato".

1695
O engenheiro francês François Froger, impactado com o número exorbitante de escravos negros que circulavam pelas ruas do Rio de Janeiro, registra no seu diário: "No dia 15, entrou no porto um navio proveniente da Bahia de Todos os Santos. Nos dias 17 e 18, ancoraram duas embarcações carregadas de negros, vindas da costa de Angola".

1711
O padre jesuíta Antonil, repetindo um bordão conhecido no Brasil colonial, escreve em *Cultura e opulência do Brasil*: "Os escravos são as mãos e os pés do senhor de engenho, porque sem eles no Brasil não é possível fazer, conservar e aumentar fazenda".

1782
O pastor alemão Friedrich Ludwig Langstedt, em visita ao porto do Rio de Janeiro, anota em seu diário: "A população é composta por portugueses, negros e mulatos, sendo a proporção entre brancos e negros de 1 para 14. Os escravos, na sua maioria, andam quase nus, cobrindo somente a vergonha. Em vez de pão, comem mandioca, uma raiz farinhosa incomparavelmente mais barata do que o trigo. Em geral, eles são de boa índole, trabalhadores e simpáticos para com os estrangeiros, especialmente se forem clérigos. (…) O tratamento que lhes dispensam os seus senhores é menos tirânico do que em outras partes do mundo, sobretudo quando o escravo abraça a religião católica. São autorizados até mesmo a

casarem-se entre si. Isso, contudo, não quer dizer que inexistam alguns abusos".

1813
O primeiro intendente de polícia da corte, o português Paulo Fernandes Viana, defensor empenhado do "branqueamento" da população do Brasil, registra nas suas anotações: "Por minhas instâncias projetei e consegui que, das ilhas dos Açores, se transportassem casais de ilhéus, que viessem aumentar a povoação branca deste país; e vieram com efeito muitos (…)".

1825
José Bonifácio de Andrada, o patriarca da Independência, publica em Paris a sua *Representação à Assembleia Constituinte do Brasil sobre a escravatura*, onde se lê: "É preciso que não venham mais aos nossos portos milhares e milhares de negros (…). É tempo, e mais que tempo, que acabemos com tráfico tão bárbaro e carniceiro; é tempo também que vamos acabando gradualmente até os últimos vestígios da escravidão entre nós, para que venhamos a formar em poucas gerações uma nação homogênea, sem o que nunca seremos verdadeiramente livres, respeitáveis e felizes. É da maior necessidade ir acabando com tanta heterogeneidade física e civil".

1850
Depois de muitas idas e vindas, é aprovada a Lei Eusébio de Queiroz, extinguindo o tráfico negreiro no Brasil: "Art. 1º As embarcações brasileiras encontradas em qualquer parte, e as estrangeiras encontradas nos portos, enseadas, ancoradouros, ou mares territoriais do Brasil, tendo a seu bordo escravos, cuja importação está proibida

pela Lei de sete de novembro de mil oitocentos e trinta e um, ou havendo-os desembarcado, serão apreendidas pelas autoridades, ou pelos navios de guerra brasileiros, e consideradas importadoras de escravos".

1868
O abolicionista e poeta Castro Alves, traduzindo o sentimento de revolta contra a escravidão tão em voga na sociedade do seu tempo, canta no seu conhecido *Navio negreiro*: "Negras mulheres, suspendendo às tetas/ Magras crianças, cujas bocas pretas/ Rega o sangue das mães:/ Outras moças... mas nuas e espantadas,/ No turbilhão de espectros arrastadas,/ Em ânsia e mágoa vãs.".

1883
O influente político e intelectual Joaquim Nabuco escreve em *O abolicionismo*: "O abolicionismo (...) não (...) se contenta com ser o advogado *ex officio* da porção da raça negra ainda escravizada; não reduz a sua missão a promover e conseguir (...) o resgate dos escravos e dos ingênuos. Essa obra (...) da emancipação dos atuais escravos e seus filhos é apenas a tarefa imediata do abolicionismo. Além dessa, há outra maior, a do futuro: a de apagar todos os efeitos de um regime que, há três séculos, é uma escola de desmoralização e inércia, de servilismo e irresponsabilidade para a casta dos senhores (...)".

1928
O escritor Mário de Andrade, no capítulo inicial do romance *Macunaíma*, explica ao leitor como nasceu o seu herói: "No fundo do mato virgem nasceu Macunaíma, herói de nossa gente. Era preto retinto e filho do medo da noite. Houve um momento em que o

silêncio foi tão grande escutando o murmurejo do Uraricoera, que a índia tapanhumas pariu uma criança feia. Essa criança é que chamaram de Macunaíma".

1933
Gilberto Freyre, no clássico *Casa-grande & senzala*, livro que altera profundamente a percepção do lugar do negro na sociedade brasileira, escreve na abertura do primeiro capítulo que dedica ao tema: "Todo brasileiro, mesmo o alvo, de cabelo louro, traz na alma e no corpo – há muita gente de jenipapo e mancha mongólica no Brasil – a sombra, ou pelo menos a pinta, do indígena ou do negro. No litoral, do Maranhão ao Rio Grande do Sul, e em Minas Gerais, principalmente do negro. A influência direta, ou vaga e remota, do africano".

1940
O escritor norte-americano Eugene O'Neill, em resposta a uma carta de um dos criadores do Teatro Experimental do Negro (1944), Abdias do Nascimento, solicitando sua autorização para encenar a peça *O imperador Jones*, escreve: "O senhor tem a minha permissão para encenar *O imperador Jones* isento de qualquer direito autoral, e quero desejar ao senhor todo o sucesso que espera com o seu Teatro Experimental do Negro. Conheço perfeitamente as condições que descreve sobre o teatro brasileiro. Nós tínhamos exatamente as mesmas condições em nosso teatro antes de *O imperador Jones* ser encenado em Nova York em 1920 – papéis de qualquer destaque eram sempre representados por atores brancos pintados de preto".

1945
O jornal *Folha da Noite*, na sua edição de 19 de novembro, noticiava:

"A Frente Negra Brasileira, velha organização que congregava milhares de negros do país, vem sendo reorganizada com o fim de participar das próximas eleições. (...) O programa da Frente Negra será o de defesa dos direitos da raça, ameaçada ainda por preconceitos e por uma legislação considerada defeituosa".

1951
É aprovada a Lei Afonso Arinos de Melo Franco, penalizando – como contravenção, não como crime – a discriminação racial no Brasil. O artigo 1º enunciava: "Constitui contravenção penal, punida nos termos desta lei, a recusa, por parte de estabelecimento comercial ou de ensino de qualquer natureza, de hospedar, servir, atender ou receber cliente, comprador ou aluno, por preconceito de raça ou de cor".

1964
O governo militar desmobiliza as lideranças negras e lança o movimento na semiclandestinidade. Um ativista de então, relembrando o período, comenta: "Tínhamos três tipos de problemas, o isolamento político, a ditadura militar e o esvaziamento dos movimentos passados. Posso dizer que em 1970 era difícil reunir mais que meia dúzia de militantes do movimento negro".

1978
Em ato público, no dia 7 de julho, em frente ao Teatro Municipal de São Paulo, é criado o Movimento Negro Unificado: "Não toleraremos mais o racismo e os racistas! De agora em diante, os racistas não dormirão mais em paz! Estaremos organizados e vigilantes na luta contra o racismo!".

1989
É aprovada a lei nº 7.716, que dizia em seu artigo 1º: "Serão punidos, na forma desta Lei, os crimes resultantes de preconceitos de raça ou de cor".

1996
Em setembro, é lançada *Raça Brasil,* "a revista do negro brasileiro", uma luxuosa publicação de banca, com matérias sobre moda, celebridades e comportamento, totalmente voltada para o público negro. O editorial do primeiro número da revista, que vendeu perto de 300 mil exemplares, enunciava: "*Raça Brasil* nasceu para dar a você, leitor, o orgulho de ser negro. Todo cidadão precisa dessa dose diária de autoestima: ver-se bonito, a quatro cores, fazendo sucesso, dançando, cantando, consumindo…".

2002
De acordo com o Mapa da Violência (http://www.sangari.com/mapadaviolencia/pdf2012/mapa2012_web.pdf), quando comparado a um branco, um negro tem, no Brasil, 45,6% mais possibilidade de ser vítima de um homicídio.

2004
O então ministro da Educação Fernando Haddad, em defesa da lei que prevê a reserva de metade das vagas das universidades federais para estudantes de escolas públicas, com prioridade para negros e indígenas, declara: "O projeto tem a seu favor o fato de contar com apoios suprapartidários no Congresso Nacional. Esse projeto é visto com enorme simpatia pela sociedade, que está desejosa de ampliar e democratizar o acesso ao ensino superior".

2010

Os negros, de acordo com os dados do último censo do Instituto Brasileiro de Geografia e Estatística (IBGE), são a maioria da população brasileira: 96,7 milhões, o equivalente a 50,7% da população; os brancos são 91 milhões (47,7%), os amarelos, 2 milhões (1,1%), e os indígenas, 817,9 mil (0,4%).

2012

A Feira Preta, criada em 2002 para fomentar o empreendedorismo étnico e fortalecer a cultura negra no país, completa uma década. Uma das organizadoras, ao realizar um balanço da empreitada, destaca: "Uma década depois da primeira edição, esses objetivos estão mais que consolidados. Nos tornamos pioneiros num evento exclusivamente criado para o segmento negro, e o que percebemos é que a feira acompanhou o crescimento da participação do negro na economia brasileira".

Bibliografia

ABREU, João Capistrano de. *Capítulos de história colonial (1500-1800)*. 4. ed. Rio de Janeiro: Sociedade Capistrano de Abreu/Livraria Briguiet, 1954.

ABREU E LIMA, José Ignácio de. *Compêndio da história do Brasil*. 1. ed. Rio de Janeiro: Eduardo e Henrique Laemmert, 1843.

ALENCAR, José de. *Sonhos d'ouro: romance brasileiro*. 3. ed. Rio de Janeiro: José Olympio, 1955.

ALTAVILLA, Jaime de. *O quilombo dos Palmares*. São Paulo: Companhia Melhoramentos, s/d.

ALVES FILHO, Ivan. *Memorial dos Palmares*. Rio de Janeiro: Xenon Editora e Produtora Cultural Ltda., 1988.

ANCHIETA, José de. *Cartas, informações, fragmentos históricos e sermões*. Belo Horizonte/São Paulo: Itatiaia/Edusp, 1988.

ANDRADA E SILVA, José Bonifácio de. *Projetos para o Brasil*. São Paulo: Companhia da Letras/Publifolha, 2000.

ANTONIL, André João. *Cultura e opulência do Brasil por suas drogas e minas*. Lisboa: Comissão Nacional para as Comemorações dos Descobrimentos Portugueses, 2001.

BARBOSA, Januário da Cunha. "Breve notícia sobre a criação do Instituto Histórico e Geográfico Brasileiro". *Revista do Instituto Histórico e Geográfico Brasileiro*, Rio de Janeiro, tomo I, v. I, pp. 5-8, 1839.

BARLÉUS, Gaspar. *História dos feitos recentemente praticados durante oito anos no Brasil*. Belo Horizonte: Itatiaia, 1974.

BENCI, Jorge. *Economia cristã dos senhores no governo dos escravos*. São Paulo: Editorial Grijalbo, 1977.

BRANDÃO, Alfredo. *Viçosa de Alagoas*. Recife: Imprensa Industrial, 1914.

BRANDÃO, Ambrósio Fernandes. *Diálogos das grandezas do Brasil*. Rio de Janeiro: Dois Mundos Editora, 1943.

BRITO FREIRE, Francisco de. *A Nova Lusitânia, história da guerra brasílica*. São Paulo: Beca Produções Culturais, 2002.

CARNEIRO, Edison. *O quilombo dos Palmares*. São Paulo: Companhia Editora Nacional, 1988.

CASAL, Manuel Ayres de. *Corografia brasílica*. Rio de Janeiro: Imprensa Nacional, 1947, 2 tomos.

COUTO, Domingos Loreto. "Desagravos do Brasil e glórias de Pernambuco" [1757]. *Anais da Biblioteca Nacional*, n. 24, pp. 1-355; n. 25, 1903, pp. 3-214, 1902.

DENIS, Ferdinand. *Brasil*. Belo Horizonte/São Paulo: Itatiaia/Edusp, 1980.

ENNES, Ernesto. *As guerras nos Palmares: subsídios para a sua história*. São Paulo: Companhia Editora Nacional, 1938.

FLORENTINO, Manolo. *Em costas negras*. São Paulo: Companhia das Letras, 1997.

FRANÇA, Jean Marcel Carvalho. *Construção do Brasil na literatura de viagem dos séculos XVI, XVII e XVIII*. Rio de Janeiro/São Paulo: José Olympio/Editora Unesp, 2012.

_____. *Outras visões do Rio de Janeiro colonial*. Rio de Janeiro: José Olympio, 2000.

FREITAS, Décio. *Palmares: a guerra dos escravos*. Porto Alegre: Editora Movimento, 1973.

FREITAS, Mário Martins de. *Reino negro de Palmares*. 2. ed. Rio de Janeiro: Biblioteca do Exército, 1988.

FREYRE, Gilberto. *Interpretação do Brasil*. Lisboa: Livros do Brasil Limitada, 1948.

FUNARI, Pedro Paulo; CARVALHO, Aline Vieira de. *Palmares, ontem e hoje*. Rio de Janeiro: Jorge Zahar Ed., 2005.

GALANTI, Rafael M. *Compêndio de história do Brasil*. São Paulo: Duprat & Comp., 1902, tomo 3.

GOMES, Flávio. *Palmares: escravidão e liberdade no Atlântico Sul*. São Paulo: Contexto, 2005.

_____ (org.). *Mocambos de Palmares: história e fontes (séc. XVI-XIX)*. Rio de Janeiro: 7 Letras, 2010.

GOULART, José Alípio. *Da fuga ao suicídio: aspectos de rebeldia dos escravos no Brasil*. Rio de Janeiro: Conquista, 1972.

HOMEM, Francisco Sales Torres. "Considerações econômicas sobre a escravatura". *Revista Niterói* (tomo primeiro): pp. 35-82. Edição fac-similar coordenada pela Academia Paulista de Letras, São Paulo, 1978.

JABOATÃO, Frei Antônio de Santa Maria. *Novo orbe seráfico brasílico ou crônica dos frades menores da Província do Brasil*. Rio de Janeiro: Tipografia Brasiliense de Maximiano Gomes Ribeiro, 1858, 4 v.

LINDLEY, Thomas. *Narrativa de uma viagem ao Brasil*. São Paulo: Companhia Editora Nacional, 1969.

MACEDO, Joaquim Manuel de. *As vítimas algozes. Quadros da escravidão*. Rio de Janeiro/São Paulo: Fundação Casa de Rui Barbosa/Scipione, 1991.

_____. *Lições de história do Brasil*. Rio de Janeiro: Garnier, 1873.

MAIA, Luís de Queirós Mattoso. *Lições de história do Brasil, proferidas no internato do Imperial Colégio de Pedro II*. Rio de Janeiro: Dias da Silva Júnior Tipógrafo-editor, 1880.

MALHEIROS, Antônio Marques Perdigão. *A escravidão no Brasil: ensaio histórico-jurídico-social*. São Paulo, Edições Cultura, 1944, 2 tomos.

MARCGRAVE, Jorge. *História natural do Brasil*. São Paulo: Imprensa Oficial do Estado, 1942.

MATOS, Gregório de. *Obra poética*. 2. ed. Rio de Janeiro: Record, 2 v., 1990.

MELLO, José Antônio Gonsalves de. *Tempo dos Flamengos: influência da ocupação holandesa na vida e na cultura do norte do Brasil*. Rio de Janeiro: Topbooks, 2007.

MOTT, Luiz. *Crônicas de um gay assumido*. Rio de Janeiro, Record, 2003.

MOURA, Clóvis. *Rebeliões da senzala: quilombos, insurreições, guerrilhas*. São Paulo: Edições Zumbi Ltda., 1959.

NIEUHOF, Johannes. *Memorável viagem marítima e terrestre ao Brasil*. Belo Horizonte/São Paulo: Itatiaia/Edusp, 1981.

NINA RODRIGUES, Raimundo. *Os africanos no Brasil*. 6. ed. São Paulo/Brasília: Companhia Editora Nacional/Editora Universidade de Brasília, 1982.

OLIVEIRA MARTINS, Joaquim Pedro de. *O Brasil e as colônias portuguesas*. Lisboa: Parceria Antônio Maria Pereira Livraria Editora, 1920.

PÉRET, Benjamin. *Quilombo dos Palmares*. Porto Alegre: Editora da UFRGS, 2002.

PONTES, Rodrigo de Souza da Silva. "Quais os meios de que se deve lançar mão para obter o maior número possível de documentos relativos à história e à geografia do Brasil?". *Revista do Instituto Histórico e Geográfico Brasileiro*, Rio de Janeiro, tomo III, pp. 149-57, 1841.

RAMOS, Arthur. *O negro na civilização brasileira*. Rio de Janeiro: Livraria Editora da Casa do Estudante do Brasil, 1971.

REIS, João José; GOMES, Flávio dos Santos (orgs.). *Liberdade por um fio: história dos quilombos no Brasil*. São Paulo: Companhia das Letras, 1996.

RIBEIRO ROCHA, Manoel. *Etíope resgatado, empenhado, sustentado, corrigido, instruído e libertado. Discurso teológico-jurídico. Sobre a libertação dos escravos no Brasil de 1758*. Introdução crítica de Paulo Suess. Petrópolis/São Paulo: Vozes/Cehila, 1992.

ROCHA PITA, Sebastião da. *História da América portuguesa*. São Paulo/Belo Horizonte: Edusp/Itatiaia, 1976.

RUFINO DOS SANTOS, Joel. *Zumbi*. São Paulo: Moderna, 1985.

SALVADOR, Frei Vicente do. *História do Brasil: 1500-1627*. 7. ed. Belo Horizonte/São Paulo: Itatiaia/Edusp, 1982.

SANTOS, João Felício dos. *Ganga-Zumba: a saga dos quilombolas de Palmares*. 2. ed. Rio de Janeiro: José Olympio, 2010.

SOUTHEY, Robert. *História do Brasil*. Belo Horizonte/São Paulo: Itatiaia/Edusp, 1981, 3 v.

TAUNAY, Afonso d'Escragnolle. *História geral das bandeiras paulistas*. São Paulo: Imprensa Oficial do Estado, 1924-1948, 11 v.

TINHORÃO, José Ramos. *Os negros em Portugal: uma presença silenciosa*. Lisboa: Editorial Caminho, 1988.

VARNHAGEN, Francisco Adolfo de. *História geral do Brasil*. 4. ed. São Paulo: Companhia Editora Nacional, 1948, 3 v.

VIEIRA, Padre Antônio. *Cartas do Padre Antônio Vieira*. Coimbra: Editora da Universidade, 1926, 3 tomos.

_____. *Vieira brasileiro*. Paris: Aillaud et Bertrand, 1921, 2 v.

Este livro foi composto na fonte Albertina
e impresso em março de 2012 pela Corprint,
sobre papel pólen bold 90 g/m².